Die Referenzproblematik

DIE REFERENZPROBLEMATIK

Eine Einführung in die analytische
Sprachphilosophie

von

Ermanno Bencivenga

Department of Philosophy
University of California, Irvine

Herausgegeben von

Georg J. W. Dorn

Institut für Philosophie
Universität Salzburg

Verlag Peter Lang
Frankfurt am Main · Bern · New York · Paris

CIP-Kurztitelaufnahme der Deutschen Bibliothek

Bencivenga, Ermanno:
Die Referenzproblematik : e. Einf. in d. analyt.
Sprachphilosophie / von Ermanno Bencivenga. Hrsg.
von Georg J. W. Dorn. – Frankfurt am Main ;
Bern ; New York ; Paris : Lang, 1987.
ISBN 3-8204-0062-1

ISBN 3-8204-0062-1
© Verlag Peter Lang GmbH, Frankfurt am Main 1987
Alle Rechte vorbehalten.
Das Werk einschließlich aller seiner Teile ist urheberrechtlich geschützt.
Jede Verwertung außerhalb der engen Grenzen des Urheberrechtsgesetzes ist ohne Zustimmung des Verlages unzulässig und strafbar. Das gilt insbesondere für Vervielfältigungen, Übersetzungen, Mikroverfilmungen und die Einspeicherung und Verarbeitung in elektronischen Systemen.

Vorwort des Herausgebers

Die Fachgebiete aller Wissenschaften dehnen sich ständig und in oft verblüffender Schnelligkeit aus. Wer daher eine - üblicherweise auf ein Semester angelegte - Einführung in ein Fachgebiet geben will, steht vor der Wahl, entweder einen kursorischen Überblick zu bieten oder ein einziges, charakteristisches Thema herauszugreifen und dem Studenten durch die detaillierte Behandlung dieses Themas zentrale Probleme, Methoden und Ergebnisse des Fachgebietes nahezubringen. Mit dem vorliegenden Buch wurde die zweite Alternative gewählt: Es ist eine Einführung in das Fachgebiet "analytische Sprachphilosophie" anhand der Behandlung der Referenzproblematik.

Die Einführung ist elementar, Kenntnisse der formalen Logik werden geflissentlich nicht vorausgesetzt, das benötigte technische Vokabular wird im Buch selbst erläutert. Das Buch eignet sich damit zum Selbststudium; freilich wird wohl seine fruchtbarste Verwendungsweise als Text einer einsemestrigen Einführung in die analytische Sprachphilosophie für Studenten der Philosophie und Linguistik liegen: Hierfür ist es konzipiert, und es bleibt nur zu hoffen, daß es eine so erfreuliche Aufnahme findet, wie sie die Vorlesung, aus der es hervorgegangen ist, sowohl bei den Studenten der Philosophie als auch denen der Linguistik gefunden hat.

Dient ein Buch vornehmlich der Lehre, so interessiert insbesondere die Kritik derer, die es als Vorlesungstext verwendet haben. Bitte senden Sie Ihre Verbesserungsvorschläge an: Georg Dorn, Institut für Philosophie, Universität Salzburg, A-5020 Salzburg.

Ich danke der Stiftungs- und Förderungsgesellschaft der Paris-Lodron-Universität Salzburg für die Gewährung eines Druckkostenzuschusses.

Salzburg, im Oktober 1986　　　　　　　　　　　　　　　　　　　Georg J. W. Dorn

Vorwort des Autors

Jaakko Hintikka schrieb 1959: "In den letzten paar Jahrzehnten wurden den durch das Nichtvorhandensein des derzeitigen Königs von Frankreich verursachten Problemen wahrscheinlich mehr Seiten als irgendeinem anderen Thema in der Philosophie der Logik gewidmet - außer vielleicht den Problemen mit der Identität des Morgensterns." Sowohl 'der derzeitige König von Frankreich' als auch 'der Morgenstern' sind singuläre Terme und die Probleme, auf die sich Hintikka hier bezieht, haben mit der Referenz dieser Terme zu tun. Auch geht aus dem Zusammenhang hervor, obschon Hintikka es nicht sagt, daß seine Behauptung als eine über die analytische Philosophie aufzufassen ist, das heißt, als eine Behauptung über jene philosophische Tradition, die - ungeachtet der häufigen Nachrufe, die sie erhält - immer noch als die herrschende philosophische Macht in der angelsächsischen Welt dasteht, so wie sie das schon die meiste Zeit in diesem Jahrhundert getan hat.

Hintikkas Behauptung hebt somit die zentrale Stellung der Referenzproblematik innerhalb der analytischen Philosophie der Logik hervor, aber nicht nur der Logik, sondern auch - bedenkt man die entscheidende Bedeutung logischer Sprachanalyse in dieser Philosophie - der Sprache im allgemeinen. Und diese Behauptung ist niedergeschrieben worden, lange bevor die Referenzproblematik durch die Injektion rigider Designatoren, referentieller Verwendungsweisen von Kennzeichnungen und der kausalen Theorie der Referenz neues Leben erhielt. Es steckt Sinn in der Zentralität der Referenzproblematik, läßt sie doch letztendlich das ewige Rätsel sichtbar werden, wie Logik zur Ontologie in Beziehung zu setzen ist, wie Sprache (und der in ihr ausgedrückte Gedanke) an der Welt "festzumachen" ist. Aber was immer auch der theoretische Grund für die Popularität des Referenzthemas in der analytischen Philosophie der Sprache ist, allein schon die Tatsache, daß dieses Thema dort ausführlich erörtert worden ist und wird, macht es zu einem natürlichen Ausgangspunkt für alle jene, die mittels eines konkreten Beispiels in den Stil dieses Philosophierens, in seine Methoden und Ergebnisse eingeführt werden wollen.

Das vorliegende Buch ist als eine solche Einführung gedacht. Es verbindet sich mit ihm die Absicht, den Leser mit einer philosophischen Tradition vertraut zu machen und ihn in die Lage zu versetzen, einige wichtige philosophische Streitfragen in der dieser Tradition eigenen Art zu behandeln. Das Buch erhebt freilich keinen Anspruch auf Vollständigkeit: Viele (und darunter sehr bedeutende) Philosophen, auf die hier nicht eingegangen wird, haben sich mit der Referenzproblematik, die ebenso subtil wie fesselnd ist, beschäftigt; doch erlauben es meiner Ansicht nach jene Autoren, die für dieses Buch ausgewählt worden sind, größtmögliche Repräsentativität der darzustellenden Methodologien- und Ideenvielfalt angesichts des verfügbaren Raumes zu erreichen. Es ist ein Buch, das den Leser dazu einlädt, selber zu arbeiten und zu denken: Alle Kapitel mit Ausnahme des (kurzen) letzten enthalten einen Abschnitt "Probleme", ohne daß Lösungen für die angeführten Probleme angeboten werden, und zwar hauptsächlich, weil es in den meisten Fällen keine eindeutigen Lösungen gibt, sondern nur die Gelegenheit (und den Spaß), einen Gedankengang ein wenig weiter zu treiben, eventuell in ganz verschiedene Richtungen, um zu sehen, wohin er führen mag. Und es ist ein Buch, das sich selbst überflüssig zu machen, eine Art Wittgensteinsche Leiter zu sein hofft, die man wegwerfen kann, nachdem man auf ihr hinaufgestiegen ist und die Dinge auf eine gewisse Weise zu sehen gelernt hat - nicht weil diese Sichtweise die beste, sondern vielleicht nur, weil sie eine von den anderen verschiedene ist. Das größte Kompliment, das man dem Buch - zumindest was seinen Autor anlangt - machen könnte, wäre, daß sich der Leser an Dinge erinnert, die in ihm stehen, ohne sich mehr erinnern zu können, wo er sie gelesen hat.

Das Buch ist aus einer Vorlesung hervorgegangen, die ich im Wintersemester 1982/83 an der Universität Salzburg gehalten habe. Herr Dorn schaffte es, das fehlerhafte Deutsch meiner Vorlesungsunterlagen in etwas umzuwandeln, das - zumindest für meine ungeschulten Ohren - wie elegante Prosa klingt. Dafür sowie für seine vielen Anregungen und Verbesserungen danke ich ihm herzlich. Dank gebührt auch Otto Neumaier und Peter Simons für ihre kritischen Anmerkungen zur Erstfassung des Typoskripts. Und meinen damaligen Studenten danke ich für die Geduld und das Verständnis, mit dem sie einem Italiener folgten, der darum rang, auf Deutsch einige Gedanken über englische Philosophie auszudrücken.

Irvine, im Feber 1986   Ermanno Bencivenga

Inhalt

1	Problementwicklung	13
1.1	Singuläre Terme	13
1.2	Die Referenzproblematik	15
1.2.1	Das Problem der leeren Referenz	15
1.2.2	Das Problem des ausgeschlossenen Dritten	18
1.2.3	Das Problem der indirekten Kontexte	20
1.3	Über unseren Gebrauch von Metavariablen	22
1.4	Literatur	23
1.5	Probleme	24
2	Meinong	27
2.1	Historische Vorbemerkung	27
2.2	Die drei Grundprinzipien der Theorie	27
2.2.1	Das Referenzprinzip	27
2.2.2	Das Soseinsprinzip	28
2.2.3	Das Nichtseinsprinzip	30
2.3	Meinongs Theorie und das Problem der leeren Referenz	32
2.4	Meinongs Theorie und das Problem des ausgeschlossenen Dritten	32
2.5	Die Russellsche Kritik an der Meinongschen Theorie	33
2.5.1	Die Existenzprobleme	33
2.5.2	Die logischen Probleme	35
2.5.3	Vereinigung von Existenz- und logischen Problemen	36
2.6	Literatur	37
2.7	Probleme	37
3	Russell	39
3.1	Bemerkungen zur Vorgangsweise	39
3.2	Die Theorie	39
3.2.1	Bedeutung und Referenz	39
3.2.2	Abgrenzung der singulären Terme mittels der Notwendigkeit der Existenz der Referenz	40
3.2.3	Hinweisende Fürwörter als die einzigen "echten" singulären Terme	42

3.2.4	Der linguistische Status von Eigennamen und Kennzeichnungen, Teil 1	44
3.2.5	Exkurs: Kontextdefinitionen	45
3.2.6	Der linguistische Status von Eigennamen und Kennzeichnungen, Teil 2	47
3.2.6.1	Eigennamen und Kennzeichnungen als definierte unvollständige Symbole	47
3.2.6.2	Kontextdefinitionen von Kennzeichnungen	49
3.2.6.2.1	Russells Elimination der Kennzeichnungen	49
3.2.6.2.2	Primäres und sekundäres Vorkommen von Kennzeichnungen und die Einführung des Bereichsoperators	54
3.2.6.3	Kontextdefinitionen von grammatischen Eigennamen	60
3.3	Russells Theorie und das Problem der leeren Referenz	61
3.4	Russells Theorie und das Problem des ausgeschlossenen Dritten	63
3.5	Russells Theorie und das Problem der indirekten Kontexte	65
3.6	Eine kurze Einschätzung der Russellschen Theorie	68
3.7	Literatur	69
3.8	Probleme	70
4	Frege und Carnap	71
4.1	Vorbemerkungen	71
4.2	Frege zum Problem der leeren Referenz	72
4.3	Freges Theorie von Sinn und Bedeutung	75
4.3.1	Über Eigennamen mit derselben Bedeutung und verschiedenem Sinn	76
4.3.2	Über Eigennamen ohne Bedeutung	77
4.3.3	Carnaps Variante	81
4.4	Frege und Carnap zum Problem des ausgeschlossenen Dritten	82
4.4.1	Ihr Lösungsvorschlag	82
4.4.2	Seine Bewertung	83
4.5	Frege zum Problem der indirekten Kontexte	85
4.5.1	Der Lösungsvorschlag	85
4.5.2	Bewertung des Fregeschen Lösungsvorschlags	89
4.5.2.1	Bewertung des ersten Teils des Lösungsvorschlags	89
4.5.2.2	Bewertung des zweiten Teils des Lösungsvorschlags	91
4.6	Literatur	92
4.7	Probleme	93
5	Strawson	95
5.1	Strawsons zentrale These	95
5.2	Strawson und leere singuläre Terme	99

5.3	Strawson zum Problem des ausgeschlossenen Dritten	102
5.4	Bewertung der Position Strawsons	103
5.5	Literatur	105
5.6	Probleme	106
6	Donnellan	107
6.1	Donnellans Position	107
6.2	Darstellung und Beurteilung des negativen Teils von Donnellans Position	110
6.3	Darstellung und Beurteilung des positiven Teils von Donnellans Position	112
6.4	Anwendung von Donnellans Position auf die Referenzproblematik	114
6.5	Literatur	114
6.6	Probleme	115
7	Kripke	117
7.1	Historische Vorbemerkungen	117
7.2	Die drei Hauptthesen Kripkes	118
7.2.1	Kripkes erste Hauptthese	118
7.2.2	Kripkes zweite Hauptthese	120
7.2.3	Kripkes dritte Hauptthese	122
7.3	Anwendung der kausalen Referenztheorie auf das Problem der leeren Referenz	124
7.4	Anwendung der kausalen Referenztheorie auf das Problem der indirekten Kontexte	125
7.5	Eine kurze Einschätzung der Position Kripkes	126
7.6	Literatur	126
7.7	Probleme	127
8	Schlußbemerkungen	129

1 Problementwicklung

1.1 Singuläre Terme

Die Ausdrücke der Umgangssprache unterscheiden sich voneinander in bezug auf die Rollen, die sie in Sätzen zu spielen haben. Betrachten wir zum Beispiel den Satz

(1) Peter ist Engländer und Otto ist Deutscher.

Der Ausdruck 'und', der in (1) vorkommt, verbindet die zwei Sätze

(2) Peter ist Engländer.

und

(3) Otto ist Deutscher.

zu einem einzigen Satz, nämlich (1).

Eine ähnliche Rolle spielt der Ausdruck 'entweder ... oder' in dem Satz

(4) Entweder ist Peter Engländer oder Otto ist Deutscher.

Solche Ausdrücke, die verschiedene Sätze miteinander verbinden und dabei einen einzigen Satz aus ihnen machen, werden üblicherweise **'Konnektive'** (oder 'Junktoren') genannt.

Dagegen spielt der Ausdruck 'Engländer' in den Sätzen (1) und (4) eine ganz andere Rolle als 'und' in (1) sowie 'entweder ... oder' in (4). 'Engländer' ist kein Konnektiv. Das Wort 'Engländer' bezeichnet eine Eigenschaft, die Peter hat und Otto abgeht, nämlich die Eigenschaft, ein Engländer zu sein. Genauso bezeichnet der Ausdruck 'Deutscher' eine Eigenschaft, die Otto hat und Peter abgeht: die Eigenschaft, ein Deutscher zu sein. Solche Ausdrücke, die Eigenschaften bezeichnen, werden meist 'Prädikatausdrücke' oder **'generelle Terme'** genannt.

'Prädikatausdrücke' oder 'generelle Terme' nennen wir auch solche Ausdrücke, die Relationen bezeichnen, wie zum Beispiel den Ausdruck 'größer als' in dem Satz

(5) Peter ist größer als Paul.

oder den Ausdruck 'liebt' in dem Satz

(6) Peter liebt Maria.

(In (5) bezeichnet 'größer als' eine Relation, die zwischen Peter und Paul besteht, in (6) bezeichnet 'liebt' eine Relation, die zwischen Peter und Maria besteht.)

Zurück zum Satz (1). Der Ausdruck 'Peter' spielt dort eine Rolle, die von den Rollen verschieden ist, die 'und', 'Engländer' und 'Deutscher' in (1) spielen. Er verbindet weder zwei einfache Sätze zu einem zusammengesetzten Satz, noch bezeichnet er eine Eigenschaft oder eine Relation. Er bezeichnet vielmehr einen bestimmten Gegenstand, eine spezifische Person, nämlich Peter. In ähnlicher Weise bezeichnen die Ausdrücke 'Otto', 'Paul' und 'Maria' jeweils ganz bestimmte Individuen. Wenn Ausdrücke Gegenstände bezeichnen, werden sie üblicherweise **'singuläre Terme'** genannt.

Wir müssen viele Gattungen von singulären Termen unterscheiden, und zwar mindestens die folgenden:

(a) Eigennamen, z.B. 'Peter', 'Maria' u.s.w.

(b) Singuläre Personalpronomen, z.B. 'ich', 'du', 'er' u.s.w.

(c) Hinweisende Fürwörter und mit ihnen gebildete hinweisende Ausdrücke, z.B. 'dieses', 'das da', 'jener Mann dort' u.s.w.

(d) Ziffern, Kombinationen von Ziffern und Namen für die Werte von Funktionen an bestimmten Argumentstellen, z.B. '3', '17', '5+6' u.s.w.

(e) Ausdrücke, die mit einem Possessivum beginnen, z.B. 'mein Vater', 'ihre Schwester' u.s.w.

(f) Ausdrücke, die mit einem bestimmten Artikel beginnen, z.B. 'die Hauptstadt von Schweden', 'der Präsident der Vereinigten Staaten' u.s.w.

Die singulären Terme der Kategorie (f) werden meist '**Kennzeichnungen**', manchmal auch 'bestimmte Beschreibungen' oder 'definite Deskriptionen' genannt. Die Kategorie der Kennzeichnungen ist sehr wichtig, weil viele singuläre Terme der anderen Kategorien auf Kennzeichnungen zurückgeführt werden können. Etwa ist 'jener Mann dort' gleichbedeutend mit 'der Mann dort'; '5+6' mit 'die Summe aus 5 und 6'; 'mein Vater' mit 'der Vater von mir' u.s.w.

Den Gegenstand, den ein singulärer Term bezeichnet, werden wir '**die Referenz**' dieses Terms nennen.

1.2 Die Referenzproblematik

Die sogenannte Referenzproblematik umfaßt ein ganzes Bündel von Problemen, die alle irgendwie mit der Referenz singulärer Terme zu tun haben. Wir werden uns hier auf drei dieser Probleme konzentrieren. Bevor wir sie besprechen jedoch eine Bemerkung zur philosophischen Natur dieser Probleme.

Wir werden in den Kapiteln 2 bis 7 einer Reihe von Autoren begegnen, die sich mehr oder minder direkt mit diesen Problemen befaßt haben. Nicht alle dieser Autoren haben sich mit allen drei Problemen auseinandergesetzt, aber das Studium dieser Autoren wird insgesamt zu einem interessanten Spektrum von Lösungsvorschlägen führen. Freilich: Keiner dieser Lösungsvorschläge wird eine definitive Lösung eines dieser Probleme darstellen. Viele Leute glauben, daß es in den Naturwissenschaften definitive Problemlösungen gibt. Wie dem auch sei – in der Philosophie gibt es keine. Philosophie ist aus dem Staunen geboren, wie Plato sagte, und Verwundertsein ist noch immer das charakteristischste Merkmal der Philosophie. Die Philosophie stellt ständig neue Fragen, ohne die alten ein für allemal abzuschließen. Jede sogenannte Lösung eines philosophischen Problems verlangt, daß wir gewisse philosophische Annahmen akzeptieren; sie besteht aus der Formulierung einer philosophischen Theorie. Es mag sein, daß einem die betreffenden Annahmen gefallen, aber es muß nicht so sein: Sie können hinterfragt werden und zu neuen Problemen, somit zu neuen philosophischen Theorien führen. Die Erbringung von Lösungsvorschlägen, die Kritik der diesen Vorschlägen zugrundeliegenden Annahmen und die Beibringung alternativer Lösungsvorschläge ist die Essenz philosophischer Tätigkeit.

1.2.1 Das Problem der leeren Referenz

Wir haben gelernt, daß ein Ausdruck, wenn er einen Gegenstand bezeichnet, ein singulärer Term ist. Ist aber umgekehrt ein singulärer Term stets ein Ausdruck, der einen Gegenstand bezeichnet? Anscheinend nicht. Manche Ausdrücke, die zu denselben Kategorien gehören, die wir in 1.1 besprochen haben, bezeichnen nämlich allem Anschein nach keine Gegenstände. Eigennamen wie 'Pegasus' oder Kennzeichnungen wie 'das fliegende Pferd' haben offenbar keine Referenz. Solche Ausdrücke seien im folgenden **'leere singuläre Terme'** genannt.

Bevor wir das eigentliche Problem der leeren Referenz erörtern, müssen wir noch drei wichtige Punkte anmerken.

Erstens können wir nicht die oben gemachte Einschränkung 'allem Anschein nach' einfach weglassen. Manche Philosophen (z.B. Alexius Meinong) glauben, daß Ausdrücke wie 'Pegasus' oder 'das fliegende Pferd' Gegenstände bezeichnen, und zwar nicht existierende Gegenstände, und daß sogar solche Ausdrücke wie 'das runde Quadrat' oder 'das Objekt, das von sich selbst verschieden ist' Gegenstände bezeichnen, und zwar unmögliche Gegenstände. Diese Ansicht ist sehr problematisch, aber wir können sie nicht ohne Diskussion übergehen. Alles, was wir vorläufig sagen können, ist daher, daß es nach dem gesunden Menschenverstand keine fliegenden Pferde, keine runden Quadrate, keine Objekte, die von sich selber verschieden sind, und keinen Pegasus gibt; dann bezeichnen die entsprechenden singulären Terme eben überhaupt nichts. Wir werden uns allerdings später überlegen müssen, ob wir in diesem Fall mit dem sogenannten gesunden Menschenverstand übereinstimmen sollen.

Zweitens: Wir können nicht einfach festlegen, daß ein Ausdruck genau dann ein singulärer Term ist, wenn er einen (existierenden) Gegenstand bezeichnet, und so die Probleme ausmerzen, die aus leeren singulären Termen entstehen. Der Begriff des singulären Terms ist nämlich ein logischer oder grammatischer Begriff. Die Tatsache, daß ein gewisser Ausdruck eine Referenz hat, hat normalerweise nichts mit Logik oder Grammatik zu tun. Zum Beispiel ist es keine logische Tatsache, daß es keine fliegenden Pferde gibt; das ist vielmehr ein biologisches Faktum. Also ist es eine biologische, nicht eine logische oder grammatische Tatsache, daß der Ausdruck 'das fliegende Pferd' ohne (existierende) Referenz ist. Und es ist keine logische Tatsache, daß sich die Sonne nicht um die Erde dreht; das ist vielmehr ein astronomisches Faktum. Also ist es eine astronomische, nicht eine logische oder grammatische Tatsache, daß der Ausdruck 'die Umdrehung der Sonne um die Erde' ohne (existierende) Referenz ist. Wenn wir wollten, daß die Existenz einer Referenz eine notwendige und hinreichende Bedingung dafür sei, daß der Ausdruck mit dieser Referenz ein singulärer Term ist, dann würden also unsere Logik und Grammatik von Biologie, Astronomie und den anderen Naturwissenschaften abhängen, und wir könnten - allgemein gesehen - nicht alle logischen und grammatikalischen Fragen beantworten, ohne die ganze Geschichte der Welt zu kennen. Es würden sich auch andere widersinnige Folgen ergeben. Zum Beispiel würde ein Eigenname aufhören, ein singulärer Term zu sein, wenn seine Referenz gestorben ist. Allgemeiner: Viele Ausdrücke wären in einem bestimmten Zeitabschnitt singuläre Terme, in einem anderen dagegen nicht. Folglich können wir leere singuläre Terme nicht einfach unterschlagen. Im Augenblick wollen wir nur sagen, daß die singulären Terme Ausdrücke sind, die *beanspruchen*, einen Gegenstand zu bezeichnen, aber wir werden erlauben, daß manche oder vielleicht auch viele singuläre Terme keinen Gegenstand bezeichnen.

Drittens: Die Tatsache, daß manche singuläre Terme anscheinend nichts bezeichnen und andere etwas bezeichnen, ist typisch für die singulären Terme. Betrachten wir vergleichsweise zum Beispiel die generellen Terme. Es gibt zwar keine fliegenden Pferde, aber das bedeutet nicht, daß es die Eigenschaft, ein fliegendes Pferd zu sein, nicht gibt; es bedeutet nur, daß diese Eigenschaft keinem existierenden Objekt zukommt. Es gibt zwar kein rundes Quadrat, aber das heißt nicht, daß es die Eigenschaft, ein rundes Quadrat zu sein, nicht gibt; es heißt nur, daß kein existierender Gegenstand diese Eigenschaft hat. Damit gibt es etwas, das die generellen Terme 'fliegendes Pferd' und 'rundes Quadrat' bezeichnen, wenn es auch keine fliegenden Pferde und runden Quadrate gibt; und so ist es mit allen anderen generellen Termen auch. Mit den singulären Termen hingegen verhält es sich anders. Da es kein einziges fliegendes Pferd gibt, gibt es nichts, das der singuläre Term 'das fliegende Pferd' bezeichnen kann, und so ist dieser Ausdruck ein leerer singulärer Term. Da es kein einziges rundes Quadrat gibt, gibt es nichts, das der singuläre Term 'das runde Quadrat' bezeichnen kann, und so ist dieser Ausdruck ein leerer singulärer Term: Überhaupt nichts bezeichnen zu können, ist eine Eigenart singulärer Terme.

Und nun zum Problem der leeren Referenz. Dem ersten Anschein nach ist der Satz

(7) Pegasus existiert nicht.

sowohl wahr als auch über Pegasus. Aber es scheint unmöglich zu sein, daß beides zutrifft. Denn wenn (7) wahr ist, dann existiert Pegasus nicht, und wenn es Pegasus nicht gibt, dann ist (7) nicht über Pegasus; wenn aber (7) über Pegasus ist, dann gibt es Pegasus, und wenn Pegasus existiert, dann ist (7) nicht wahr. Kurz: Wenn Satz (7) wahr ist, dann kann er offenbar nicht über Pegasus sein; und wenn er über Pegasus ist, kann er offensichtlich nicht wahr sein. Ist also (7) wahr oder über Pegasus? Oder beides? Und wie könnte er beides sein? Dies ist das Problem der leeren Referenz.

Eine andere Seite des Problems ist folgende: Nehmen wir an, daß Pegasus nicht existiert. Von wem sagt dann der Satz

(8) Pegasus fliegt.

etwas aus? Anscheinend von Pegasus. Aber wenn Pegasus nicht existiert, wie kann (8) von ihm etwas aussagen? Und wenn (8) nicht über Pegasus ist, über wen dann?

1.2.2 Das Problem des ausgeschlossenen Dritten

Das logische Gesetz vom ausgeschlossenen Dritten besagt, daß ein Satz der Form

(9) A oder nicht A.

immer wahr ist, daß er allgemeingültig ist, daß es für ihn logisch unmöglich ist, falsch zu sein. Wir brauchen zum Beispiel keine Erhebungen anzustellen, um herauszufinden, daß die Sätze

(10) Ermanno ist Italiener oder Ermanno ist nicht Italiener.

und

(11) Reagan ist Chinese oder Reagan ist nicht Chinese.

wahr sind, weil es logisch notwendig ist, daß sie wahr sind.

Damit (9) wahr ist, hat mindestens einer der beiden Sätze A und nicht A wahr zu sein; wären beide falsch, würde auch ihre Disjunktion (9) falsch sein. Damit (10) wahr ist, hat also mindestens

(12) Ermanno ist Italiener.

oder mindestens

(13) Ermanno ist nicht Italiener.

wahr zu sein. Damit (11) wahr ist, hat somit wenigstens

(14) Reagan ist Chinese.

oder wenigstens

(15) Reagan ist nicht Chinese.

wahr zu sein. Das bedeutet hier, daß Ermanno entweder unter den Dingen, die Italiener sind, oder unter den Dingen, die nicht Italiener sind, zu finden sein muß, und daß Reagan entweder unter den Dingen, die Chinesen sind, oder unter den Dingen, die nicht Chinesen sind, zu sein hat.

Betrachten wir aber nun den Satz

(16) Der gegenwärtige König von Frankreich hat eine Glatze oder der gegenwärtige König von Frankreich hat keine Glatze.

Da (16) die Form von (9) hat, müßte (16) wahr sein. Und das bedeutet, daß entweder

(17) Der gegenwärtige König von Frankreich hat eine Glatze.

wahr ist, oder

(18) Der gegenwärtige König von Frankreich hat keine Glatze.

wahr ist. Aber wenn wir alle Dinge durchgingen, die eine Glatze haben, und dann alle Dinge, die keine haben, würden wir den gegenwärtigen König von Frankreich nicht unter ihnen finden, weil es keinen gegenwärtigen König von Frankreich gibt, weil - mit anderen Worten - 'der gegenwärtige König von Frankreich' ein leerer singulärer Term ist. (Russell, der sich dieses Beispiel ausdachte, mutmaßte, daß Hegelianer, die ja eine Vorliebe für Synthesen haben, folgern werden, daß der gegenwärtige König von Frankreich eine Perücke trägt.)

Allgemeiner: Sei a ein beliebiger singulärer Term und P eine beliebige Eigenschaftsbezeichnung; dann ist normalerweise entweder ein Satz der Form

(19) a ist P.

oder seine Negation von der Form

(20) a ist nicht P.

wahr. Wir müßten im Prinzip die Referenz von a finden können und bräuchten dann nur nachzuschauen, ob sie P ist oder nicht P ist. Wenn jedoch a ein leerer singulärer Term ist, wenn also a keine Referenz hat, dann können wir weder herausfinden, ob die Referenz von a P ist, noch, ob sie nicht P ist. Bedeutet dies, daß in diesem Fall sowohl ein Satz der Form (19) als auch seine Negation von der Form (20) falsch sind und folglich die Disjunktion der beiden Sätze von der Form

(21) a ist P oder a ist nicht P.

nicht wahr ist, obschon (21) ein klarer Spezialfall von (9) ist und somit gemäß dem Gesetz vom ausgeschlossenen Dritten jeder Satz der Form (21) wahr sein müßte? Ist also das Gesetz vom ausgeschlossenen Dritten, das ein fundamentales Gesetz der Logik ist, falsch? Dies ist das Problem des ausgeschlossenen Dritten, hervorgerufen durch das Vorhandensein leerer singulärer Terme.

1.2.3 Das Problem der indirekten Kontexte

Dieses Problem hat im Gegensatz zu den beiden vorhergehenden keine unmittelbare Beziehung zu den leeren singulären Termen. Nehmen wir an, daß ein gegebener Satz der Form

(22) $a = b$.

wahr ist. (a und b seien beliebige singuläre Terme.) Dann ist die Referenz von a dasselbe Objekt wie die Referenz von b; mit anderen Worten, a hat dieselbe Referenz wie b. Unter dieser Voraussetzung ist es nur natürlich zu glauben, daß was immer für die Referenz von a gilt, auch für die von b gilt, und umgekehrt. Wir würden daher naheliegenderweise vermuten, daß ein Satz, der a enthält, seinen Wahrheitswert nicht ändert, wenn man b an die Stelle von a setzt.

Gehen wir zum Beispiel davon aus, daß der Satz

(23) Ermanno = der Vater von Thomas.

wahr ist. Dies heißt, daß Ermanno dasselbe Objekt ist wie der Vater von Thomas, mit anderen Worten, daß 'Ermanno' dieselbe Referenz hat wie 'der Vater von Thomas'. Und das wiederum bedeutet, daß Ermanno alle Eigenschaften hat, die der Vater von Thomas hat, und umgekehrt. Jeder Satz, der 'Ermanno' enthält und wahr ist, sollte daher wahr bleiben, wenn man in ihm 'der Vater von Thomas' an die Stelle von 'Ermanno' setzt.

Da beispielsweise

(24) Ermanno ist Italiener.

wahr ist, ist auch

(25) Der Vater von Thomas ist Italiener.

wahr. Und da

(26) Ermanno ist im Herbst 1982 32 Jahre alt.

wahr ist, ist auch

(27) Der Vater von Thomas ist im Herbst 1982 32 Jahre alt.

wahr. Und so fort. Weitere Beispiele ließen sich in großer Zahl ganz analog bilden. Wir können somit sagen, daß folgendes Substitutionsprinzip für singuläre Terme mit derselben Referenz sehr natürlich und vernünftig ist:

(28) Wenn $a = b$ wahr ist, dann ist ein Satz A genau dann wahr, wenn das Ergebnis der Substitution von b für a in A wahr ist.

Aber sehen wir uns jetzt diesen Satz an:

(29) Peter glaubt, daß Ermanno im Herbst 1982 an der Universität Salzburg unterrichtet.

Nehmen wir an, (29) sei wahr. Da (23) wahr ist, sollte es auch (30) sein:

(30) Peter glaubt, daß der Vater von Thomas im Herbst 1982 an der Universität Salzburg unterrichtet.

Aber es ist möglich, daß Peter nicht weiß, daß Ermanno der Vater von Thomas ist. Also ist auch möglich, daß Peter nicht glaubt, daß der Vater von Thomas im Herbst 1982 an der Universität Salzburg unterrichtet: Vielleicht glaubt er, daß jemand anderer, der an der Universität Wien unterrichtet, der Vater von Thomas ist. Dann jedoch ist (30) falsch. Aber wie konnte das passieren? Wie kann etwas von Ermanno wahr sein und vom Vater von Thomas nicht wahr sein, wenn Ermanno dasselbe Individuum wie der Vater von Thomas ist?

Allgemeiner: Es gibt Wendungen wie z.B. 'er glaubt, daß ... ', 'er wollte wissen, ob ... '. Sätze, die mit diesen Wendungen gebildet werden, heißen '**indirekte Kontexte**'. Kommt nun ein singulärer Term a in einem Satz A vor, und kommt

A wiederum in einem indirekten Kontext K vor und ist K wahr, dann kann es also geschehen, daß der durch Substitution von b für a in A gewonnene indirekte Kontext K' falsch ist, obgleich b dieselbe Referenz wie a hat und K' somit genauso wahr wie K sein müßte. Dies ist seltsam. Denn wenn zwei singuläre Terme dasselbe Objekt bezeichnen und dieses Objekt eine gewisse Eigenschaft hat, dann sollte es doch diese Eigenschaft unabhängig von der Art und Weise haben, in der wir es zu bezeichnen pflegen. Es ist also zum Beispiel seltsam, daß das Individuum Ermanno die Eigenschaft hat, daß Peter glaubt, daß es im Herbst 1982 an der Universität Salzburg unterrichtet, wenn es 'Ermanno' genannt wird; und daß es diese Eigenschaft nicht hat, wenn es 'der Vater von Thomas' genannt wird. Dies ist das Problem der indirekten Kontexte.

1.3 Über unseren Gebrauch von Metavariablen

In diesem Buch werden wir häufig Gebrauch von Variablen für verschiedene Klassen deutscher Ausdrücke machen. Da diese Variablen somit zu unserer Metasprache gehören, nennen wir sie 'Metavariablen'. Wir werden Metavariablen üblicherweise nicht unter Anführungszeichen setzen, weil wir sie ja normalerweise benützen und nicht erwähnen werden. Wie wir in der Mathematik zum Beispiel nicht 'eine Zahl 'x'', sondern einfach 'eine Zahl x' schreiben, so schreiben wir auch in der Logik zum Beispiel nicht 'ein Satz 'A'', sondern einfach 'ein Satz A'. Wir werden einfache oder atomare Metavariablen verwenden, vor allem die Großbuchstaben 'P', 'Q' für Prädikatausdrücke, 'A', 'B' für Sätze; die Kleinbuchstaben 'a', 'b' für singuläre Terme, 'x', 'y' für Individuenvariablen. Wir werden auch zusammengesetzte oder komplexe Metavariablen benützen. Wir erhalten sie, indem wir mehrere atomare Metavariablen zu einem Ausdruck zusammenfügen oder indem wir einige atomare Metavariablen und einige Namen für Ausdrücke miteinander kombinieren. Zum Beispiel ist 'A und B ist ein zusammengesetzter Satz' ein Analog zu der vertrauten mathematischen Ausdrucksweise '$x+y$ ist die Summe von x und y'. (Wendungen wie 'der Satz A und B', 'ein Satz A und B' werden wir als umgangssprachliche Varianten der komplexen Metavariablen 'A und B' auffassen.) Manchmal ist es schwierig, Wendungen zu lesen, in denen komplexe Metavariablen auftreten. Etwa ist die folgende Wendung nicht leicht zu lesen: 'A und B und A oder B sind zusammengesetzte Sätze'. Wir machen uns deshalb aus, komplexe Metavariablen in solchen Fällen entweder in eine eigene Zeile zu schreiben oder zwischen Klammern zu setzen. Wir wollen weiter vereinbaren, daß der Ausdruck 'Die Form F' ('F' sei eine beliebige Metavariable) sich auf die Klasse aller jener Ausdrücke bezieht, die unter F fallen. Also ist für uns auch 'ein Audruck der Form (A und B)' bloß eine andere Variante von 'A und B'.

1.4 Literatur

Für die Definition eines singulären Terms als eines Ausdrucks, der *beansprucht*, ein Objekt zu bezeichnen, siehe zum Beispiel Willard van Orman Quines *Word and Object*, Cambridge (Mass.), M.I.T. Press 1960, p. 90. (Deutsch: *Wort und Gegenstand*, Stuttgart, Reclam 1980.)

Die drei im Abschnitt 1.2 vorgestellten Probleme wurden zum ersten Mal von Bertrand Russell herausgeschält in "On Denoting", *Mind* 14 (1905), pp. 479-493. (Deutsch: "Kennzeichnen", in *Das Universalien-Problem*, herausgegeben von Wolfgang Stegmüller, Darmstadt, Wissenschaftliche Buchgesellschaft 1978, pp. 21-40; auch übersetzt als: "Über das Kennzeichnen", in *Bertrand Russell: Philosophische und politische Aufsätze*, herausgegeben von Ulrich Steinvorth, Stuttgart, Reclam 1971, pp. 3-22.) Da diese drei Probleme im Rest des Buches detailliert besprochen werden, wird weitere Literatur über sie in den folgenden Kapiteln erwähnt werden. Hier sei auf einige Behandlungsweisen unseres Themas verwiesen, auf die wir in den folgenden Kapiteln *nicht* eingehen werden.

Was das Problem der leeren Referenz angeht, so wird eine Zugangsmöglichkeit, die wir nicht studieren werden, von den sogenannten freien Logiken offeriert, deren Anfänge in einer grundlegenden und zukunftsträchtigen Arbeit Henry Leonards zu finden sind : "The Logic of Existence", *Philosophical Studies* 7 (1956), pp. 49-64. Für einen Überblick über das ganze Gebiet der freien Logiken kann mein Beitrag "Free Logics" zum *Handbook of Philosophical Logic, Volume III, Alternatives to Classical Logic* herangezogen werden, das von Dov M. Gabbay und Franz Guenthner herausgegeben wird (Dordrecht, Reidel 1986).

Was das Problem des ausgeschlossenen Dritten angeht, wird eine interessante Perspektive von der 'Intuitionismus' genannten philosophischen Lehre angeboten, derzufolge das Gesetz von ausgeschlossenen Dritten nicht in allen seinen Interpretationen als logisches Gesetz aufgefaßt werden kann. Vgl. z.B. Michael Dummett, *Elements of Intuitionism*, Oxford, Clarendon Press 1977.

Was schließlich das Problem der indirekten Kontexte angeht, so besteht zwischen ihm und der Semantik der intensionalen, insbesondere der modalen Logiken, eine interessante Verbindung. Wir werden auf diese Verbindung kurz im Kapitel 7 zu sprechen kommen; einen weit umfassenderen Einblick bietet freilich die Anthologie *Reference and Modality*, herausgegeben von Leonard Linsky, London, Oxford University Press 1971.

1.5 Probleme

1. Können Sie sich vorstellen, daß man sich in einer Sprache mitteilen kann, die keinen einzigen generellen Term (wie z.B. 'ist schwarz' oder 'ist ein Tisch') enthält, sondern nur singuläre Terme, deren einer Teil sich auf konkrete Objekte bezieht (wie etwa der Term 'der Tisch dort'), deren anderer Teil sich auf abstrakte Objekte bezieht (wie etwa der Term 'die Schwärze')?

2. Können Sie sich vorstellen, daß man sich in einer Sprache mitteilen kann, die keinen einzigen singulären Term enthält, sondern nur generelle Terme, von denen sich einige auf Relationen beziehen (wie etwa 'ist Bruder von'), einige auf Eigenschaften, die genau einem Objekt zukommen (wie etwa 'ist Mutter von Liza Minnelli'), einige auf Eigenschaften, die keinem Objekt zukommen (wie z.B. 'ist von sich selbst verschieden'), und schließlich einige auf Eigenschaften, die mehreren Objekten zukommen (wie etwa 'hat eine außergewöhnliche Stimme')?

3. Angenommen, Sie definieren einen singulären Term als einen solchen linguistischen Ausdruck, der sich (tatsächlich) auf ein Objekt bezieht. Wenn man Sie nun darauf aufmerksam macht, daß es Ausdrücke gibt, die zu ein und derselben linguistischen Kategorie gehören, daß aber einige davon sich auf ein Objekt beziehen, andere nicht, dann könnten Sie entgegnen, daß grammatische Erscheinungsformen trügerisch sind, daß zwar einige Ausdrücke scheinbar zu derselben linguistischen Kategorie gehören, aber in Wirklichkeit verschiedenen Kategorien zuzuzählen sind. Was, wenn überhaupt etwas, könnte an Ihrer Position nicht stimmen?

4. In 1.2.1 wurde argumentiert, daß Logik und Sprachphilosophie von den Naturwissenschaften unabhängig sein sollten. Dieser Standpunkt ist sicherlich der am weitesten verbreitete unter den in diesem Buch behandelten Philosophen und wird noch öfter erwähnt werden. Er ist aber nicht unangefochten. Es gibt Philosophen, die verschiedene Spielarten des Holismus vertreten und behaupten, daß der Unterschied zwischen "linguistischen" und "naturwissenschaftlichen" Disziplinen höchstens ein gradueller ist. Diese Philosophen behaupten, daß solche Qualifizierungen wie 'logisch', 'linguistisch' oder 'grammatisch' - als Gegensätze zu 'deskriptiv' oder 'naturwissenschaftlich' - nur den hohen Grad der Verbundenheit eines Autors an einen Begriff oder an eine These signalisieren (oder - um eine räumliche Metapher zu verwenden - den Grad der Zentralität, den der jeweilige Begriff oder die jeweilige These im Begriffs- und Theoriengerüst des Autors einnehmen), das heißt, daß diese Qualifizierungen das Widerstreben eines Autors anzeigen, einen Begriff oder eine These abzuändern oder gar aufzugeben, wie immer auch die empirischen

Daten ausfallen. (Gegen die These der Unabhängigkeit von Logik und Naturwissenschaft plädieren zum Beispiel Quine und Putnam; vgl. Quine, "Two Dogmas of Empiricism", *Philosophical Review* 60 (1951), pp. 20-43; (deutsch "Zwei Dogmen des Empirismus", in *W.V.O. Quine: Von einem logischen Standpunkt*, Frankfurt, Ullstein 1979, pp.27-50); Putnam, "Is Logic Empirical?", *Boston Studies in the Philosophy of Science* 5 (1969), pp. 216-241. Für eine neuere Argumentation in diese Richtung seitens eines deutschen Autors siehe Franz von Kutscheras *Grundfragen der Erkenntnistheorie*, Berlin, Walter de Gruyter 1981.) Versuchen Sie, eigene Argumente für und gegen den Holismus zu formulieren. Gehen sie dabei argumentationshalber von der Gültigkeit des Holismus aus und versuchen Sie, sich vorzustellen, wie dann die singulären Terme zu charakterisieren wären und welche Probleme diese Charakterisierungen nach sich ziehen könnten.

5. In 1.2.1 wurde auch betont, daß es eine Asymmetrie zwischen singulären und generellen Termen gibt: Alle generellen Terme beziehen sich auf etwas (Eigenschaften oder Beziehungen), während sich einige singuläre Terme auf nichts beziehen. Aber da sind die Philosophen, die sich eine *nominalistische* Metaphysik zu eigen gemacht haben. Für sie gibt es einfach keine Eigenschaften und Beziehungen, sondern nur Objekte; Ausdrücke, die angeblich auf Eigenschaften oder Beziehungen Bezug nehmen, sind bloße *flatus vocis*. Besteht nach Ihrer Ansicht vom nominalistischen Standpunkt aus keine Asymmetrie zwischen singulären und generellen Termen oder gibt es nun vielleicht eine neue Asymmetrie, die verschieden ist von der in 1.2.1 erwähnten?

2 Meinong

2.1 Historische Vorbemerkung

Die erste Theorie, die wir erörtern werden, ist in der angelsächsischen philosophischen Welt mit dem Namen des österreichischen Philosophen Alexius Meinong verknüpft. Es ist allerdings ganz gut möglich, daß diese Theorie nur eine Karikatur von Meinongs Philosophie ist, daß Meinongs Philosophie also in Wirklichkeit komplizierter und interessanter ist als die Theorie, die gewöhnlich unter seinem Namen einhergeht. Diese Theorie ist aber historisch wichtig und zwar einfach deshalb, weil sie durch Russell bekannt gemacht worden ist und über ihn die angelsächsische Sprachphilosophie beeinflußt hat. Da leider die meisten angelsächsichen Philosophen nichts lesen, was nicht auf Englisch ist, und da Meinongs Werke erst vor kurzem ins Englische übersetzt worden sind, stammt fast alles, was die angelsächsischen Philosophen über Meinongs Philosophie wissen, aus der Russellschen Kritik an ihr. Und da schließlich diese Kritik zum Teil oberflächlich ist, sollten wir fairerweise vorausschicken, daß wir es im folgenden vielleicht eher mit einem Strohmann Meinong* als mit dem echten Philosophen Meinong zu tun haben. Wie auch immer - Meinongs Philosophie ist, wie gesagt, in der Russellschen Fassung bekannt, und so kommen wir nicht darum herum, sie in dieser Fassung zu besprechen, wenn diese Fassung auch überzeichnet sein dürfte.

2.2 Die drei Grundprinzipien der Theorie

2.2.1 Das Referenzprinzip

Dieses Prinzip besagt:

(1) Jeder singuläre Term bezeichnet einen Gegenstand. (Jeder singuläre Term hat eine Referenz.)

Gemäß (1) bezeichnet also zum Beispiel 'das fliegende Pferd' einen Gegenstand.

nämlich das fliegende Pferd; ebenso bezeichnet 'das runde Quadrat' einen Gegenstand, nämlich das runde Quadrat; und auch 'der Gegenstand, der von sich selbst verschieden ist' hat danach eine Referenz, nämlich den Gegenstand, der von sich selbst verschieden ist; u.s.w.

2.2.2 Das Soseinsprinzip

Dieses Prinzip besagt:

(2) Jeder Gegenstand besitzt alle die Eigenschaften, die in seinem Sosein liegen.

Dieses von uns so genannte 'Soseinsprinzip' ist unklar, weil nicht klar ist, was das Sosein eines gewissen Gegenstandes ist und welche Eigenschaften es umfaßt. Doch liegt es nahe anzunehmen, daß jene Eigenschaften zum Sosein eines Gegenstandes gehören, die ihn charakterisieren, d.h. die ihn - zusammengenommen - von anderen Gegenständen abheben. Da das fliegende Pferd zum Beispiel durch die Kombination der Eigenschaften, ein Pferd zu sein und fliegen zu können, charakterisiert ist, liegen diese beiden Eigenschaften in seinem Sosein und werden von ihm gemäß (2) besessen, d.h. es ist ein Pferd und kann fliegen. Oder da das runde Quadrat durch die Kombination der Eigenschaften, rund zu sein und quadratisch zu sein, charakterisiert ist, liegen diese Eigenschaften in seinem Sosein und hat es auch gemäß (2) diese beiden Eigenschaften, d.h. es ist sowohl rund als auch quadratisch.

Wenn wir diese Interpretation von 'im Sosein eines Gegenstandes liegen' akzeptieren, können wir aus (2) folgenden Satz ableiten:

(3) Die Referenz einer Kennzeichnung der Form (der (die, das) P) ist stets ein Gegenstand, der ein P ist.

Auf Grund von (3) dürfen wir sagen:

(4) Das fliegende Pferd ist ein fliegendes Pferd.

(5) Das runde Quadrat ist ein rundes Quadrat.

(6) Der Gegenstand, der von sich selbst verschieden ist, ist ein Gegenstand, der von sich selbst verschieden ist.

Da Meinong wahrscheinlich nichts gegen unsere Interpretation von 'im Sosein eines Gegenstandes liegen' einzuwenden gehabt hätte, können wir auch (3) als 'Soseinsprinzip' bezeichnen. Wenn es nützlich erscheint, (3) von (2) zu unterscheiden, werden wir (3) **'das abgeleitete Soseinsprinzip'** nennen.

Zwei Bemerkungen zum Soseinsprinzip.

Erstens: Selbst wenn wir das abgeleitete Soseinsprinzip anerkennen, haben wir noch nicht das ganze Problem gelöst, was denn das Sosein eines bestimmten Gegenstandes ist, also genau welche Eigenschaften es umfaßt. Wir wissen jetzt zwar, daß das Sosein des fliegenden Pferdes die Eigenschaften, ein Pferd zu sein und fliegen zu können, umfaßt, aber es ist uns unbekannt, ob dieses Sosein noch andere Eigenschaften einschließt und - wenn ja - welche. Wir wissen auch, daß das fliegende Pferd ein fliegendes Pferd ist, doch ist uns unbekannt, was es sonst noch ist, wenn es überhaupt sonst noch etwas ist. Natürlich könnten wir sagen, daß das Sosein eines Gegenstandes nur diejenigen Eigenschaften umfaßt, die ihn zusammen charakterisieren. Aber es wäre vorschnell, daraus zu schließen, daß zum Beispiel das Sosein des fliegenden Pferdes nur die Eigenschaften umfaßt, ein Pferd zu sein und fliegen zu können. Es mögen andere, uns nicht bekannte Eigenschaften vorhanden sein, durch die zusammen das fliegende Pferd ebenfalls charakterisiert werden kann, die somit auch im Sosein des fliegenden Pferdes liegen. Wir sollten offenbar das Sosein eines Gegenstandes nicht auf jene Eigenschaften beschränken, mit denen wir ihn mehr oder minder zufällig zu charakterisieren pflegen: Ähnlich wie etwa der derzeitige Präsident der Vereinigten Staaten durch verschiedenste Kombinationen von Eigenschaften charakterisiert werden kann, mag durchaus auch das fliegende Pferd durch mehr als eine Kombination von Eigenschaften charakterisierbar sein. Kurz: Das abgeleitete Soseinsprinzip sagt uns zwar etwas über das Sosein von Gegenständen, aber bei weitem nicht alles.

Zweitens: Wir müssen uns klar sein, daß das abgeleitete Soseinsprinzip ein sehr wichtiger Zusatz zum Referenzprinzip ist. Es besteht nämlich ein wesentlicher Unterschied zwischen

(7) Die Referenz der Kennzeichnung 'das fliegende Pferd' ist das fliegende Pferd.

und

(8) Die Referenz der Kennzeichnung 'das fliegende Pferd' ist ein fliegendes Pferd.

Das 'ist' in (7) drückt die Identität zweier Objekte aus, wie z.B. in

(9) Der Präsident der Vereinigten Staaten im Herbst 1982 ist Ronald Reagan.

Es bedeutet also soviel wie 'ist identisch mit'. Das 'ist' in (8) hingegen schreibt einem Ding eine Eigenschaft zu, wie z.B. in

(10) Dieser Tisch da ist braun.

Es bedeut hier soviel wie 'hat die Eigenschaft'.

Vom Referenzprinzip können wir nur (7) ableiten, d.h. die Behauptung, daß die Referenz von 'das fliegende Pferd' identisch mit dem fliegenden Pferd ist. Wir können nicht von ihm ableiten, daß diese Referenz irgendwelche Eigenschaften hat. Es bleibt offen, ob dieser Gegenstand, der mit dem Ausdruck 'das fliegende Pferd' gekennzeichnet wird, gar keine Eigenschaften hat, also nicht einmal die, ein Pferd zu sein und fliegen zu können. Dagegen dürfen wir vom abgeleiteten Soseinsprinzip auf (8) schließen. Damit wissen wir nicht nur, welcher Gegenstand die Referenz von 'das fliegende Pferd' ist, sondern auch, daß dieser Gegenstand einige Eigenschaften hat.

2.2.3 Das Nichtseinsprinzip

Dieses Prinzip besagt:

(11) Nicht alle Gegenstände existieren. Insbesondere gibt es Gegenstände, für die zu existieren unmöglich ist.

Zum Beispiel existiert die Referenz des Terms 'das fliegende Pferd', also das fliegende Pferd, nicht; und es ist unmöglich, daß das runde Quadrat, d.h. die Referenz des Terms 'das runde Quadrat', existiert.

Dieser hier als 'Nichtseinsprinzip' bezeichnete Lehrsatz stellt eine wichtige Einschränkung und Berichtigung des Referenz- und Soseinsprinzips dar, und zwar aus dem schon in der zweiten Bemerkung unter 1.2.1 gestreiften Grund. Wir wollen nicht, daß wir uns als Logiker und Sprachphilosophen in die Geschäfte von Physikern und Biologen einmischen müssen. Wir wollen stattdessen, daß unsere Theorien unabhängig vom Stand der Naturwissenschaften bestehen können. Wir wollen somit zum Beispiel nicht, daß wir mit der Biologie in Konflikt kommen, gemäß der kein Pferd fliegt, wenn wir gemäß Referenzprinzip behaupten, daß ein Gegenstand existiert, den 'das fliegende Pferd' bezeichnet, oder wenn wir gemäß Soseinsprinzip anfügen, daß dieser Gegenstand ein fliegendes Pferd ist. Zu diesem Zweck halten wir fest, daß die Naturwissenschaften es eben nur mit existierenden Gegenständen zu tun haben. Wenn uns der Biologe belehrt, daß kein Pferd fliegt, so meint er offenbar, daß kein existierendes Pferd fliegt, und das verträgt sich mit den sprachphilosophischen Behauptungen, daß der singuläre Term 'das fliegende Pferd' eine Referenz hat, nämlich das fliegend Pferd (Referenzprinzip), und daß dieser Gegenstand wenigstens zwei Eigenschaften hat, nämlich ein Pferd zu sein und fliegen zu können (Soseinsprinzip); denn er muß ja nicht existieren (Nichtseinsprinzip). Wir werden später allerdings sehen, daß Referenz- und Soseinsprinzip nicht in ausreichendem Maße durch das Nichtseinsprinzip eingeschränkt werden.

Aus dem Soseins- und Nichtseinsprinzip ergibt sich als wichtiger Folgesatz das **Unabhängigkeitsprinzip**:

(12) Dafür, daß ein Objekt Eigenschaften hat, ist es nicht immer notwendig, daß es existiert.

Also hat zum Beispiel das fliegende Pferd die Eigenschaften, ein Pferd zu sein und fliegen zu können, auch wenn es nicht existiert; und das runde Quadrat hat die Eigenschaften, ein Quadrat zu sein und rund zu sein, auch wenn es unmöglich ist, daß es existiert.

Viele Philosophen glaubten, daß aus der Tatsache, daß ein Objekt eine Eigenschaft hat, folgt, daß dieses Objekt existiert. So glaubten (und glauben) etwa verschiedene Gelehrte, daß Descartes zurecht aus der Tatsache, daß er denkt, ableiten konnte, er existiere auch, weil er eine Eigenschaft, wie die zu denken, nicht haben könnte, wenn er nicht existierte.

Offensichtlich stimmt Meinong nicht mit diesen Philosophen überein. Für ihn gibt es Objekte, aus deren Sosein folgt, daß sie existieren, sowie Objekte, aus deren Sosein folgt, daß sie nicht existieren, und endlich Objekte, aus deren Sosein weder ihre Existenz noch ihre Nicht-Existenz folgt. Zum Beispiel folgt aus dem Sosein des runden Quadrats, daß es nicht existiert, und aus dem Sosein der Tatsache, daß zwei mal zwei gleich vier ist, daß diese Tatsache existiert. (Für Meinong sind auch Tatsachen Objekte; er nennt sie 'Objektive'.) Aber aus dem Sosein der meisten Objekte folgt weder, daß sie existieren, noch, daß sie nicht existieren. Mit anderen Worten, Eigenschaften sagen uns gewöhnlich nichts Zwingendes über die Existenz ihrer Träger.

2.3 Meinongs Theorie und das Problem der leeren Referenz

Meinongs Theorie liefert eine natürliche Antwort auf die Frage, ob ein Satz wie

(13) Pegasus existiert nicht.

wahr ist oder über Pegasus ist oder sowohl wahr als auch über Pegasus ist.

Meinongs Lösungsvorschlag für das Problem der leeren Referenz ist einfach. Zunächst: (13) ist über Pegasus. Damit (13) über Pegasus sein kann, muß es ihn freilich geben. Wenn es ihn gibt, heißt dies aber noch nicht, daß er auch existiert. Dann jedoch ist es nicht unmöglich, daß (13) wahr und über Pegasus ist.

Man sieht leicht, wo der kritische Punkt in dieser Antwort steckt. Als wir das Problem der leeren Referenz entwickelten, sagten wir, daß, wenn (13) über Pegasus ist, es dann Pegasus gibt (denn ohne Pegasus kann (13) nicht über ihn sein), und wenn es Pegasus gibt, dann existiert er auch. Dieser letzte Schluß ist jedoch für Meinong nicht zwingend. Aus der Tatsache, daß es gewisse Gegenstände gibt, folgt in Meinongs Theorie nicht, daß sie existieren. Das Nichtseinsprinzip besagt im Gegenteil, daß es Gegenstände gibt, die nicht existieren.

2.4 Meinongs Theorie und das Problem des ausgeschlossenen Dritten

Es ist auch leicht möglich, aus Meinongs Theorie einen einfachen Lösungsvorschlag für das Problem des ausgeschlossenen Dritten herauszulesen. Wir könnten sagen, daß - auch wenn Pegasus nicht existiert - entweder

(14) Pegasus ist weiß.

wahr ist oder

(15) Pegasus ist nicht weiß.

wahr ist, und daß der Grund, dessentwegen wir Pegasus weder unter den Dingen, die weiß sind, noch unter den Dingen, die nicht weiß sind, finden können, nicht darin liegt, daß Pegasus weder weiß noch nicht weiß ist, sondern eben darin, daß Pegasus nicht existiert und wir nur solche Dinge auffinden können, die existieren. Allgemein könnten wir sagen, daß, auch wenn *a* nichts bezeichnet und daher seine Referenz nicht auffindbar ist, dennoch entweder

(16) *a* ist *P.*

oder

(17) *a* ist nicht *P.*

wahr ist und somit

(18) (*a* ist *P*) oder (*a* ist nicht *P*).

immer wahr ist.

2.5 Die Russellsche Kritik an der Meinongschen Theorie

Wie wir schon gesagt haben, ist Meinongs Lösungsvorschlag zum Problem der leeren Referenz im wesentlichen der folgende. Es gibt Gegenstände, die nicht existieren oder - um denselben Gedanken auf eine scheinbar widersinnige Weise zu wiederholen - es gibt Gegenstände, für die es nicht wahr ist, daß es sie gibt. Diese Gegenstände führen sich ansonsten auf wie die anderen auch. Sie können Eigenschaften haben, und Sätze können über sie gebildet werden, nur existieren sie eben nicht. Das ist sehr einfach, aber auch sehr problematisch. Russells Kritik an Meinong besteht in der Problematisierung dieser Einfachheit. Diese Problematisierung erfolgt in der Entwicklung von zwei Problemgattungen, die wir zur besseren Unterscheidung 'Existenzprobleme' und 'logische Probleme' nennen werden.

2.5.1 Die Existenzprobleme

Wir wissen, daß

(19) Das fliegende Pferd ist ein fliegendes Pferd.

wahr ist, weil das Sosein des fliegenden Pferdes die beiden Eigenschaften umfaßt, ein Pferd zu sein und fliegen zu können. Wir wissen auch, daß

(20) Kein existierendes Pferd fliegt.

ein Gesetz der Biologie ist.

Betrachten wir aber nun die Kennzeichnung

(21) das existierende fliegende Pferd.

(21) bezeichnet einen Gegenstand, nämlich das existierende fliegende Pferd, und da dieser Gegenstand durch die Eigenschaft, ein Pferd zu sein, fliegen zu können und existierend zu sein, charakterisiert ist, sollte er diese drei Eigenschaften gemäß dem Soseinsprinzip auch haben; der Satz

(22) Das existierende fliegende Pferd ist ein existierendes fliegendes Pferd.

sollte somit wahr sein.

Aber (22) impliziert (23) bis (25):

(23) Das existierende fliegende Pferd ist ein Pferd.

(24) Das existierende fliegende Pferd kann fliegen.

(25) Das existierende fliegende Pferd ist existierend.

Und aus (23) bis (25) folgt:

(26) Mindestens ein existierendes Pferd kann fliegen.

(26) verträgt sich jedoch nicht mit dem biologischen Gesetz (20). Also ist das Nichtseinsprinzip nicht hinreichend, um Widersprüche zwischen der Meinongschen Gegenstandstheorie und den Naturwissenschaften zu vermeiden.

Betrachten wir nun die Kennzeichnung

(27) der Gegenstand, mit dem jeder Gegenstand identisch ist.

Nach dem Soseinsprinzip ist

(28) Der Gegenstand, mit dem jeder Gegenstand identisch ist, ist ein Gegenstand, mit dem jeder Gegenstand identisch ist.

wahr. Wenn wir (27) mit 'g' abkürzen, besagt (28), daß alle Gegenstände mit g identisch sind. Nun gilt: Zwei Gegenstände sind miteinander identisch, wenn beide mit einem dritten identisch sind. Folglich: Wenn alle Gegenstände mit g identisch sind, dann sind sie alle miteinander identisch. Und das bedeutet, daß es nur einen einzigen Gegenstand gibt.

Diese beiden Paradoxa sind im folgenden Sinn genau einander entgegengesetzt. Das erste zeigt, daß es zu viele Gegenstände gemäß Meinongs Theorie gibt, wie z.B. existierende fliegende Pferde. Das zweite zeigt, daß es zu wenige Gegenstände gibt, in der Tat nur einen einzigen. Beide Paradoxa haben vom zunächst plausibel klingenden Soseinsprinzip zu offenkundig falschen Schlußfolgerungen geführt.

2.5.2 Die logischen Probleme

Betrachten wir die Kennzeichnung

(29) der Gegenstand, der sowohl rot als auch nicht rot ist.

Nach dem Soseinsprinzip sollte

(30) Der Gegenstand, der sowohl rot als auch nicht rot ist, ist ein Gegenstand, der sowohl rot als auch nicht rot ist.

wahr sein. Wenn wir (29) mit 'h' abkürzen, läßt sich aus (30) folgern:

(31) h ist rot und h ist nicht rot.

Aber (31) ist ein Widerspruch, und wir wissen, daß es logisch unmöglich ist, daß Widersprüche wahr sind.

Analog lassen sich viele andere Paradoxa konstruieren, indem man Gegenstände durch Wendungen kennzeichnet, die logisch falsch sind. 'Sowohl rot als auch nicht rot sein' war eine solche Wendung. Eine andere ist z.B. 'nicht identisch mit sich selbst sein', da

(32) Alle Gegenstände sind identisch mit sich selbst.

ein logisches Gesetz ist. Wenn wir nun die Kennzeichnung einführen

(33) der Gegenstand, der nicht mit sich selbst identisch ist

erhalten wir gemäß dem Soseinsprinzip

(34) Der Gegenstand, der nicht mit sich selbst identisch ist, ist ein Gegenstand, der nicht mit sich selbst identisch ist.

(34) widerspricht natürlich (32), ist somit logisch falsch, also unmöglich wahr.

Diese beiden Paradoxa haben damit vom zunächst plausibel klingenden Soseinsprinzip nicht nur zu falschen, sondern sogar zu logisch falschen Schlußfolgerungen geführt.

2.5.3 Vereinigung von Existenz- und logischen Problemen

Wir können die Existenzprobleme und die logischen Probleme miteinander verknüpfen. Wenn wir die Kennzeichnungen

(35) der existierende Gegenstand, der sowohl rot als auch nicht rot ist

und

(36) der existierende Gegenstand, der nicht mit sich selbst identisch ist

konstruieren, dann dürfen wir vom Soseinsprinzip (37) und (38) ableiten:

(37) Der existierende Gegenstand, der sowohl rot als auch nicht rot ist, ist ein existierender Gegenstand, der sowohl rot als auch nicht rot ist.

(38) Der existierende Gegenstand, der nicht mit sich selbst identisch ist, ist ein existierender Gegenstand, der nicht mit sich selbst identisch ist.

Das aber würde heißen, daß es nicht nur unmögliche Gegenstände gibt, sondern sogar existierende unmögliche Gegenstände.

Dies ist im wesentlichen die Russellsche Kritik an der Meinongschen Gegenstandstheorie. Seine Kritik hat die angelsächsische Sprachphilosophie beeinflußt, nicht zuletzt, weil sie den Ausgangspunkt für seine eigene Theorie des Bezeichnens darstellte: Russell suchte nach einer Theorie, die es nicht zu der Entwicklung der geschilderten Paradoxa kommen lassen sollte. Die Theorie, die er schließlich vorschlug, werden wir im Kapitel 3 besprechen.

2.6 Literatur

Für eine klare und bündige Darstellung von Meinongs Theorie siehe Meinongs "Über Gegenstandstheorie" in Alexius Meinong (Hg.), *Untersuchungen zur Gegenstandstheorie und Psychologie*, Leipzig, Barth 1904.

Für Russells Reaktion auf Meinong vergleiche "Meinong's Theory of Complexes and Assumptions", *Mind* 13 (1904), pp. 204-219, 336-354, 509-524; sowie "On Denoting", *Mind* 14 (1905), pp. 479-493. (Für deutsche Übersetzungen von "On Denoting" vgl. 1.4.)

In jüngerer Zeit ist das Interesse an Meinong innerhalb der analytischen Sprachphilosophie wieder erwacht. Es wurde versucht, Meinongs Position gegen Russells klassische Attacke zu verteidigen. Dieses erneute Interesse hat sich unter anderem in den folgenden drei bemerkenswerten Büchern niedergeschlagen: Terence Parsons, *Nonexistent Objects*, New Haven, Yale University Press 1980; Richard Routley, *Exploring Meinong's Jungle and Beyond*, Canberra, Australian National University 1980; und Karel Lambert, *Meinong and the Principle of Independence*, Cambridge, Cambridge University Press 1983.

Einen deutschsprachigen Überblick über Meinongs Werk bietet Peter Simons in seinem Aufsatz "Alexius Meinong: Gegenstände, die es nicht gibt" in *Grundprobleme der großen Philosophen, Philosophie der Neuzeit IV*, herausgegeben von Josef Speck, Göttingen, Vandenhoeck & Ruprecht 1986, pp. 91-127; vgl. insbesondere pp. 100-119.

2.7 Probleme

1. Man mag behaupten (und das wurde auch getan), daß, auch wenn bestimmte Eigenschaften verwendet werden können, um existierende Objekte eindeutig zu charakterisieren, diese Eigenschaften doch nicht zum Sosein dieser Objekte gehören. Man könnte zum Beispiel sagen: Obschon Ronald Reagan eindeutig durch die Eigenschaft charakterisiert ist, 1982 der Präsident der Vereinigten Staaten zu sein, gehört diese Eigenschaft doch nicht zu seinem Sosein, während etwa die Eigenschaft, ein Mensch zu sein, sehr wohl dazugehört. Diese Behauptung erhält eine Menge Plausibilität durch die Tatsache, daß existierende Objekte üblicherweise einfach früher da sind als ihre Charakterisierungen: Zum Beispiel ist zunächst einmal das existierende Objekt Ronald Reagan gegeben und dann erst macht man sich daran, es zu charakterisieren. Glauben Sie, daß die Behauptung, Eigenschaften, die existierende Objekte charakterisieren, gehörten nicht immer

zu deren Sosein, sich auf solche Objekte übertragen läßt, die - wie zum Beispiel das runde Quadrat oder das fliegende Pferd - recht eigentlich Objekte unseres *Redens und Denkens* sind? Welchen Einfluß hätte diese erweiterte Behauptung auf das abgeleitete Soseinsprinzip? Hätte diese Behauptung, sobald man sie wieder auf existierende Objekte einschränkt, noch irgendwelche Auswirkungen auf das abgeleitete Soseinsprinzip?

2. Wir haben im obigen Text nicht ausdrücklich über ambige Deskriptionen oder mehrdeutige Kennzeichnungen gesprochen. (Zum Beispiel ist 'der Tisch in diesem Raum' eine mehrdeutige Kennzeichnung, sofern zumindest zwei Tische im besagten Raum vorhanden sind.) Welche Optionen stehen Meinong (oder Meinong*) zur Verfügung, um mit ambigen Deskriptionen fertig zu werden?

3. Meinong behauptet bisweilen, daß alle Objekte, wenn schon nicht Existenz, so doch wenigstens eine schwächere Form des Seins haben, nämlich ein Quasisein. An anderen Stellen suggeriert er, daß "reine Objekte" außerhalb von Sein und Nicht-Sein sind. Von beiden Standpunkten aus läßt sich das Problem bezüglich 'Pegasus existiert nicht.' erfolgreich behandeln. Ist es allerdings nicht möglich, innerhalb genau einer dieser beiden Positionen ein neues, aber ganz analoges Problem bezüglich eines *ähnlichen* Satzes zu konstruieren?

4. Meinong legt uns auch manchmal den Gedanken nahe, daß es "unvollständige" Gegenstände geben mag; das sind Gegenstände, für die es mindestens eine Eigenschaft P gibt derart, daß P zwar vernünftigerweise von ihnen ausgesagt werden kann, ohne daß sie jedoch P haben oder nicht-P haben. Welche Relevanz könnte dieser Gedanke für das Problem des ausgeschlossenen Dritten haben? Würde dieser Gedanke Meinong erlauben, einige der Probleme anzugehen, die Russell in seiner Theorie aufgedeckt hat?

3 Russell

3.1 Bemerkungen zur Vorgangsweise

Wenn wir im folgenden Russells Bedeutungs-, Bezeichnungs- oder Referenztheorie erörtern werden, werden wir nicht alles besprechen können und müssen, was Russell zum Referenzproblem sagte. Zum Beispiel werden wir nicht auf die Position eingehen, die er in seinem 1903 erschienenen Buch *The Principles of Mathematics* einnimmt; sie kommt der Meinongs nahe: Alles, was wir erwähnen können - seien es Zahlen, griechische Götter oder runde Quadrate - weisen eine allgemeine Form des Seins auf. Wir werden vielmehr auf die Position eingehen, die Russell im Jahr 1905 bezog, nachdem er seine Theorie der Kennzeichnungen aufgestellt hatte. Es gibt allerdings keine befriedigende Gesamtdarstellung dieser Theorie in Russells eigenen Werken. Jene Darstellung, die sich in der *Introduction to Mathematical Philosophy* aus dem Jahre 1919 findet, ist wahrscheinlich die klarste; leider ist sie aber auch sehr oberflächlich. Wir werden hier versuchen, eine Gesamtdarstellung der Russellschen Referenztheorie zu erarbeiten, die vollständig und in sich geschlossen ist. Wir müssen uns aber vor Augen halten, daß diese unsere Darstellung keine simple Wiederholung oder Zusammenstellung von relevanten Aussagen Russells sein wird, sondern deren rationale Rekonstruktion, also deren vernünftige Wiederherstellung, in der auch die Gründe für diese Aussagen ausgeführt und anschaulich gemacht werden.

3.2 Die Theorie

3.2.1 Bedeutung und Referenz

Das Grundprinzip der Theorie lautet:

(1) Die Bedeutung eines singulären Terms ist nichts anderes als seine Referenz.

Eine wichtige Folgerung aus (1) ist:

(2) Es ist unmöglich, daß es einen leeren singulären Term gibt.

Da Terme Ausdrücke sind, die eine Bedeutung haben (ansonsten wären sie sinnlose Kleckse auf dem Papier); da leere singuläre Terme keine Referenz haben; und da gemäß (1) die Bedeutung eines singulären Terms mit seiner Referenz identisch ist, hätte ein leerer singulärer Term keine Bedeutung, wäre also überhaupt kein Term. Nun ist aber ein singulärer Term ein Term. Also kann er nicht leer sein.

Diese Überlegung zieht jedoch sofort die folgende nach sich:

(3) Wenn eine Frage der Form (Existiert a?) zu verneinen ist, dann ist a kein singulärer Term.

Das heißt also unter anderem, daß Bezeichnungen wie 'Pegasus', 'das fliegende Pferd' oder 'das runde Quadrat' keine singulären Terme sind, weil die Fragen

(4) Existiert Pegasus?

(5) Existiert ein fliegendes Pferd?

(6) Existiert das runde Quadrat?

verneint werden müssen. Wir können es aber nicht damit bewenden lassen. Denn eine Frage der Form

(7) Existiert a?

ist - wie wir uns schon in 1.2.1 überlegt haben - im allgemeinen keine logische oder grammatische Frage, sondern eine physikalische, chemische, biologische, kurz: eine naturwissenschaftliche Frage. Wir wollen aber nicht, daß unsere logischen oder grammatischen Klassifizierungen von den Naturwissenschaften abhängen. Was tun?

3.2.2 Abgrenzung der singulären Terme mittels der Notwendigkeit der Existenz der Referenz

Wir könnten versuchen, dieses Problem zu lösen, indem wir betonen, daß unsere logische Klassifizierung - da sie nichts mit kontingenten Tatsachen zu tun haben soll - als eine logisch notwendige verstanden zu werden hat; deshalb gilt:

(8) Wenn *a* ein singulärer Term ist, dann ist es logisch notwendig, daß *a* ein singulärer Term ist.

Von (8) und (2) können wir (9) ableiten:

(9) Wenn eine Frage der Form (Existiert *a* ?) verneint werden *könnte* dann ist *a* kein singulärer Term.

Gemäß (9) sind nun aber auch Bezeichnungen wie 'Ronald Reagan' oder 'der derzeitige Präsident der Vereinigten Staaten' keine singulären Terme, weil die Fragen

(10) Existiert Ronald Reagan?

(11) Existiert der derzeitige Präsident der Vereinigten Staaten?

verneint werden könnten.

Wenn wir aber dieses Kriterium an die verschiedenen Kategorien angeblich singulärer Terme anlegen, die wir in 1.1 aufgelistet haben, wird es uns sehr schwer fallen, "echte" singuläre Terme zu finden.

Wir haben schon gesehen, daß es nach dem fraglichen Kriterium ganz danach aussieht, daß weder Eigennamen noch Kennzeichnungen singuläre Terme sind. Und dasselbe können wir zum Beispiel über singuläre Personalpronomen sagen. 'Du' kann (in einem gewissen Kontext) eine Referenz haben, aber es ist nicht notwendig, daß es eine hat; also ist 'du' kein singulärer Term. Oder betrachten wir den Ausdruck

(12) mein Sohn.

(12) hat eine Referenz, weil ich, Ermanno Bencivenga, tatsächlich einen Sohn habe. Aber es ist nicht notwendig, daß ich einen Sohn habe, und damit ist (12) kein singulärer Term.

Gibt es nun überhaupt keine singulären Terme? Ist das Kriterium, das wir formuliert haben, und - im allgemeinen - ist Russells Position zum Referenzproblem so einschränkend, daß gar keine "echten" singulären Terme übrig bleiben? Es ist beinahe so, aber nicht ganz.

3.2.3 Hinweisende Fürwörter als die einzigen "echten" singulären Terme

Betrachten wir die Ausdrücke

(13) dies

(14) das

(15) dieser Tisch

(16) jener Stuhl.

(13) und (14) sind hinweisende Fürwörter, (15) und (16) sind hinweisende Ausdrücke, die zusammengesetzt sind.

Ist es möglich, daß diese hinweisenden Fürwörter oder daß diese zusammengesetzten hinweisenden Ausdrücke keine Referenz haben?

Es scheint zunächst, daß wir die Frage bejahen müssen. Es ist zum Beispiel möglich, daß jemand einen hinweisenden Ausdruck wie (15) benutzt, um Bezug auf einen Tisch zu nehmen, daß er aber mit (15) in Wirklichkeit auf einen Stuhl hinweist, etwa weil er einer optischen Täuschung unterliegt. Natürlich, wenn er (13) statt (15) verwendet hätte, dann könnten wir sagen, daß (13) eine Referenz hat, nämlich besagten Stuhl (aber der wäre nach wie vor nicht mit dem Tisch identisch, auf den er sich mit (15) beziehen wollte).

Wir können uns aber auch vorstellen, daß selbst der Ausdruck (13) ohne Referenz ist, wenn dieses Gedankenexperiment auch noch weniger natürlich ist. Jemand mag (13) benutzen, um sich auf einen Gegenstand - vielleicht einen bestimmten Tisch - zu beziehen, aber da ist weder ein Tisch noch sonst irgendetwas. Und so weist er mit (13) auf überhaupt nichts hin.

Also scheint es, daß hinweisende Fürwörter und Ausdrücke ohne Referenz sein können und daher keine echten singulären Terme sind. Aber das ist nicht das Ergebnis, zu dem Russell gelangt, und nun wollen wir seinen Gedankengang nachzeichnen, um die Gründe für sein anderes Resultat zu verstehen.

Ein Ausdruck wie 'dies' oder auch wie 'dieser Tisch' ist in Wirklichkeit zweideutig. Wenn wir einen solchen Ausdruck benutzen, dann können wir uns damit auf einen wirklich vorkommenden Gegenstand, auf einen Gegenstand der äußeren Welt beziehen oder - besser - zu beziehen versuchen; wir können uns damit aber auch auf den Inhalt einer unserer Vorstellungen beziehen, ohne präjudizieren zu wollen, daß es in der äußeren Welt einen Gegenstand gibt, der unserem Vorstellungsinhalt entspricht. Wenn wir also 'dieser Tisch' sagen, können wir uns auf einen wirklichen Tisch, der vielleicht gerade vor uns steht, beziehen oder zu beziehen versuchen; oder wir können uns wieder auf den Inhalt einer unserer Vorstellungen, der mehr oder minder bestimmt sein mag, beziehen.

Bezeichnen wir den jeweils zuerst genannten Gebrauch hinweisender Ausdrücke als ihren '**objektiven**', den jeweils zweitgenannten als ihren '**subjektiven Gebrauch**'. Es ist nun beachtenswert, daß der objektive Gebrauch eines hinweisenden Ausdrucks sicherlich ohne Referenz sein kann, während der subjektive Gebrauch eines hinweisenden Ausdrucks anscheinend nie ohne Referenz sein kann. Es ist möglich, daß wir uns mit 'dies' oder 'dieser Tisch' auf einen Tisch in der äußeren Welt zu beziehen versuchen, der dort gar nicht existiert; aber stets beziehen wir uns mit diesen Ausdrücken auf einen Vorstellungsinhalt, in diesem Fall auf einen vorgestellten Tisch - gleichgültig, ob der entsprechende Tisch nun objektiv existiert oder nicht.

Der Einwand liegt nahe, daß der Inhalt der Vorstellung eines Tisches keineswegs ein Tisch ist. Tische sind konkrete Objekte, aus Marmor oder Holz oder Metall gefertigte Gegenstände; Vorstellungsinhalte sind dagegen psychische Objekte, und woraus sie auch bestehen mögen, sie sind sicher nicht aus Marmor oder Holz oder Metall gefertigt. Wenn sich das aber so verhält, dann ist es nicht vernünftig zu behaupten, daß der Inhalt der Vorstellungen eines Tisches die Referenz des Ausdrucks 'dieser Tisch' ist. Und das gleiche Problem ergibt sich analog für viele andere zusammengesetzte hinweisende Ausdrücke.

Aber es gibt kein solches Problem mit einfachen hinweisenden Fürwörtern. Und da Russell zudem glaubte, daß einfache hinweisende Fürwörter immer subjektiv gebraucht werden, daß sie daher immer eine Referenz haben und daß es somit unmöglich ist, daß sie leer sind, sind hinweisende Fürwörter nach ihm die einzigen "echten" singulären Terme oder - in seiner Terminologie - die einzigen **logischen Eigennamen** der Umgangssprache. Zwar enthalten formale Sprachen wie zum Beispiel die Sprache der Prädikatenlogik noch andere logische Eigennamen, etwa die Individuenkonstanten, die ja gemäß der Semantik der klassischen Prädikatenlogik stets (genau) eine Referenz haben; aber in den natürlichen Sprachen ist es gemäß Russell nur für hinweisende Fürwörter wahr, daß sie eine Referenz haben müssen, folglich sind sie die einzigen logischen Eigennamen.

3.2.4 Der linguistische Status von Eigennamen und Kennzeichnungen, Teil 1

Aber es genügt nicht zu sagen, daß Eigennamen wie 'Ronald Reagan' ('**grammatische Eigennamen**' in der Terminologie Russells) oder Kennzeichnungen wie 'der Präsident der Vereinigten Staaten im Jahr 1982' keine singulären Terme sind. Wenn sie keine singulären Terme sind, was sind sie dann?

Betrachten wir beispielsweise den Satz

(17) Der Präsident der Vereinigten Staaten im Jahr 1982 ist 70 Jahre alt.

Wie können wir entscheiden, ob (17) wahr oder nicht wahr ist? Offensichtlich, indem wir folgendermaßen vorgehen. Wir suchen die Referenz des Ausdrucks 'der Präsident der Vereinigten Staaten im Jahr 1982' und wir prüfen nach, wenn wir sie gefunden haben, ob diese Referenz, dieses Objekt, die Eigenschaft hat, 70 Jahre alt zu sein. Aber wenn wir das machen, setzten wir dann nicht voraus, daß die Kennzeichnung 'der Präsident der Vereinigten Staaten im Jahr 1982' eine Referenz hat, daß sie genau einen Gegenstand bezeichnet und somit ein singulärer Term ist?

Hier ist ein allgemeines Problem angesprochen. Es genügt nicht, bloß festzustellen, daß der grammatische Eigenname a, der in einem Satz der Form

(18) a ist P.

vorkommt, kein singulärer Term ist ; oder daß die Kennzeichnung (der Q), die einem Satz der Form

(19) (Der Q) ist P.

vorkommt, kein singulärer Term ist. Denn nur unter der Annahme, daß a oder (der Q) singuläre Terme sind, glauben wir zu wissen, wie die Sätze, in denen sie vorkommen, behandelt werden müssen, das heißt, wie wir entscheiden sollen, ob diese Sätze wahr oder falsch sind. Nur wenn a und (der Q) als singuläre Terme aufgefaßt werden, glauben wir uns im Besitz einer Methode, die entsprechenden Sätze auf ihre Wahrheit hin überprüfen zu können. Diese Methode ist vielleicht naiv und ihre Anwendung bringt freilich viele Probleme mit sich, doch ist sie eine natürliche Methode. Und wir können nicht einfach sagen, daß die fraglichen Ausdrücke keine singulären Terme sind und diese Methode daher nicht mehr auf sie anwendbar ist, ohne daß wir eine neue Methode vorschlagen, mit der wir diese Ausdrücke und Sätze zu behandeln imstande sind.

Wenn nun grammatische Eigennamen und Kennzeichnungen nach Russell keine singulären Terme sind, was sind sie dann? Die einfachste Antwort auf diese Frage ist wahrscheinlich überraschend: Grammatische Eigennamen und Kennzeichnungen sind überhaupt nichts. Eine detailliertere Antwort ist die folgende: Obwohl ein Satz der Form (18) den grammatischen Eigennamen *a* enthält und somit wie ein normaler Subjekt-Prädikat-Satz aussieht, zeigt eine tiefergehende Analyse solcher Sätze, daß sie keineswegs die vertraute logische Form *Pa* haben, sondern vielmehr eine komplexere logische Form, in der *a* gar nicht vorkommt. In Russells Terminologie: Auch wenn ein Satz die grammatische Form (18) hat und also den grammatischen Eigennamen *a* enthält, enthält seine *logische* Form den Ausdruck *a* nicht; und auch wenn ein Satz die grammatische Form (19) hat und also die Kennzeichnung (der *Q*) enthält, enthält seine *logische* Form den Ausdruck (der *Q*) nicht. In Chomskys Terminologie können wir sagen, daß *a* und (der *Q*) nur zu der Oberflächenstruktur von Sätzen der Form (18) oder (19) gehören, nicht aber zu ihrer Tiefenstruktur. Um diese Behauptungen verstehen und begründen zu können, müssen wir nun eine Zwischenbemerkung über Kontextdefinitionen einschieben.

3.2.5 Exkurs: Kontextdefinitionen

In 1.1 haben wir kurz über Konnektive gesprochen. Ein Konnektiv, haben wir gelernt, ist ein Ausdruck, der zwei Sätze verbindet und einen einzigen Satz aus ihnen macht. Zum Beispiel lassen sich mit 'und' die Sätze

(20) Peter ist Engländer.

(21) Otto ist Deutscher.

zu dem Satz

(22) Peter ist Engländer und Otto ist Deutscher.

verbinden.

Der elementarste Teil der gegenwärtigen Logik betrachtet das logische Verhalten von Konnektiven und wird daher oft 'Logik der Konnektive' genannt. Diese Disziplin ist jedoch sehr allgemein. Sie behandelt nicht nur zweistellige Konnektive wie 'und', die zwei Sätze miteinander verbinden, sondern auch drei-, vier-, fünfstellige und im allgemeinen n-stellige Konnektive, die drei, vier, fünf und im allgemeinen n Sätze miteinander verbinden. Die Logik der

Konnektive betrachtet auch den Sonderfall $n=1$. Einstellige Konnektive verbinden nicht mehrere Sätze zu einem Satz, sondern modifizieren den gegebenen Satz. Ein solches einstelliges Konnektiv ist 'nicht'. Mittels dieses Ausdrucks können wir die Negation eines Satzes erzeugen. Zum Beispiel können wir aus

(23) Alle Menschen sind sterblich.

die Negation von (23)

(24) Nicht alle Menschen sind sterblich.

erzeugen.

Es gibt eine unbegrenzte Anzahl von Konnektiven: 4 einstellige, 16 zweistellige, 256 dreistellige und im allgemeinen zwei hoch zwei hoch n n -stellige Konnektive. Glücklicherweise muß die Logik nicht alle diese unzähligen vielen Konnektive im einzelnen betrachten, weil diese mit Hilfe von einigen wenigen Konnektiven definierbar sind. In einer Logik der Konnektive haben wir daher üblicherweise ein paar undefinierte oder **primitive Konnektive**, was sonst noch an Konnektiven gebraucht wird, wird mit Hilfe der primitiven Konnektive definiert. Zum Beispiel reichen die beiden Konnektive 'nicht' und 'und' aus, um alle Konnektive zu definieren. Wenn wir diese zwei Konnektive als unsere primitiven Konnektive ansehen, dann können wir zum Beispiel das Konnektiv 'oder' folgendermaßen definieren:

(25) $(A$ oder $B) =_{df}$ nicht (nicht-A und nicht-B).

Das heißt, für je zwei Sätze A und B ist die Disjunktion von A und B äquivalent mit der Negation von der Konjunktion der Negation von A und der Negation von B.

In der gegenwärtigen Logik ist es gewöhnlich so, daß definierte Zeichen als bloße nützliche Abkürzungen angesehen werden. Die Vorstellung ist die, daß die jeweilige logische Sprache eigentlich nur aus ihren primitiven Symbolen aufgebaut ist und daß die definierten Zeichen nicht wirklich zur betreffenden Sprache gehören. Die definierten Zeichen einer logischen Sprache werden nur benutzt, um bequem über diese Sprache reden zu können, indem man sich die Erwähnung langer und unübersichtlicher Ausdrücke erspart. So erlaubt es uns (25) beispielsweise, den relativ einfachen und kurzen Satz

(26) Peter ist Engländer oder Otto ist Deutscher.

zu benutzen, wenn wir uns auf den relativ komplizierten und langen Satz

(27) Es ist nicht so, daß Peter nicht Engländer ist und Otto nicht Deutscher ist.

beziehen wollen.

Gemäß dieser - insbesondere von Russell vertretenen - Auffassung sind also Definitionen nichts weiter als Konventionen oder Vereinbarungen, gewisse Ausdrücke als Abkürzungen für andere Ausdrücke zu verwenden. Die Definition (25) weist aber noch ein anderes, für uns interessantes Merkmal auf. Sie ist nicht wirklich eine Definition des Konnektivs 'oder' allein, sondern eine Definition des ganzen Ausdrucks (A oder B). Sie definiert 'oder' nur in einem Kontext oder Zusammenhang; besser ausgedrückt, sie definiert den Kontext, in dem 'oder' vorkommt. Solche Definitionen, die ein Zeichen nicht direkt definieren, sondern den Kontext, in dem es vorkommt, werden **'Kontextdefinitionen'** des Zeichens genannt.

3.2.6 Der linguistische Status von Eigennamen und Kennzeichnungen, Teil 2

3.2.6.1 Eigennamen und Kennzeichnungen als definierte unvollständige Symbole

In der traditionellen Logik des Mittelalters war es üblich, zwischen den kategorematischen und den synkategorematischen Zeichen zu unterscheiden. Die **kategorematischen** Zeichen sind Zeichen, die etwas direkt bezeichnen, die eine direkte Bedeutung haben. Die **synkategorematischen** Zeichen sind Zeichen, die keine direkte Bedeutung haben, sondern nur zu der Bedeutung des Kontextes beitragen, in dem sie vorkommen. Ein Konnektiv ist ein typisches synkategorematisches Zeichen: Wir können nicht sagen, was ein Konnektiv wie zum Beispiel 'und' bedeutet, wir können nur sagen, wie dieses Konnektiv zu der Bedeutung der Sätze, in denen es vorkommt, beiträgt. Wenn also eine Definition die Bestimmung der Bedeutung eines Zeichens ist, dann können Konnektive nur Kontextdefinitionen haben, denn Konnektive sind ohne direkte Bedeutung. Es sind die Zusammenhänge, in denen Konnektive vorkommen, die eine Bedeutung haben.

Russell akzeptiert diese traditionelle Unterscheidung. Er nennt die kategorematischen Zeichen **'Terme'** und die synkategorematischen Zeichen **'unvollständige Symbole'**. Da nach ihm weder grammatische Eigennamen wie 'Ronald

Reagan' noch Kennzeichnungen wie 'der Präsident der Vereinigten Staaten im Jahr 1982' Terme sind, sind sie unvollständige Symbole, haben also keine eigene Bedeutung, sondern tragen nur zur Bedeutung der Kontexte, in denen sie vorkommen, bei. Darüberhinaus sind sie aber auch keine primitiven unvollständigen Symbole wie 'nicht' und 'und' in unserem obigen Beispiel. Stattdessen sind sie definierte unvollständige Symbole wie 'oder' in jenem Beispiel. Und das bedeutet, daß weder grammatische Eigennamen noch Kennzeichnungen wirklich zur jeweils betrachteten Sprache gehören, sondern nur passende Abkürzungen sind, die uns erlauben, lange und komplizierte Ausdrücke zu vermeiden. Da sie unvollständige Symbole sind, werden ihre Definitionen keine direkten, expliziten Definitionen sein können, sondern Kontextdefinitionen sein müssen.

Dies ist also der Beginn der Erläuterung unserer detaillierteren Antwort, die wir in 3.2.4 formulierten. Grammatische Eigennamen und Kennzeichnungen sind überhaupt nichts in dem Sinn, daß sie nur definierte, nicht primitive Zeichen sind, insofern sie bloß als zweckmäßige Abkürzungen für andere Ausdrücke dienen. Und das ist nicht alles. Sie sind auch überhaupt nichts in dem Sinn, daß die Definitionen, die sie definieren, Kontextdefinitionen sind und daher nicht grammatische Eigennamen oder Kennzeichnungen an sich selbst definieren, sondern nur Zusammenhänge, in denen grammatische Eigennamen oder Kennzeichnungen vorkommen. Und dies ist sehr wichtig, wie folgendes Beispiel klar macht. Betrachten wir eine Definition wie

(28) $2 =_{df} 1+1$.

Wenn wir glauben, daß definierte Zeichen nicht zu der von uns betrachteten Sprache, nicht zu unserer Objektsprache gehören, daß sie nur Abkürzungen sind, dann werden wir, wenn wir (28) akzeptieren, auch glauben, daß die Ziffer '2' nicht wirklich zur Objektsprache gehört, daß diese Ziffer nur eine Abkürzung für '1+1' ist. Aber (28) ist keine Kontextdefinition, sondern ein direkte, explizite Definition. Wenn wir uns einen Satz wie

(29) $2+1=3$.

der '2' enthält, vornehmen und wenn wir für die Abkürzung '2' das substituieren, was sie abkürzt, dann haben wir somit wenigstens im Satz, der sich ergibt, d.h. in unserem Beispiel in

(30) $1+1+1=3$.

einen Teil, der '2' entspricht. Aber wenn ein Zeichen eine Kontextdefinition hat, dann gilt das nicht. Wenn wir etwa in einem Satz, der 'oder' enthält, für die Abkürzung das substituieren, was sie abkürzt, dann haben wir nichts mehr, das dem 'oder' entspricht. Wir haben natürlich etwas, das dem ganzen Zusammenhang (*A* oder *B*) entspricht, aber nicht dem 'oder' allein.

Grammatische Eigennamen und Kennzeichnungen sind also nach Russell auch in einem zweiten Sinn überhaupt nichts. Sie sind nicht nur definierte Zeichen, sondern sie sind auch unvollständige definierte Zeichen. Ihre Definitionen sind Kontextdefinitionen, so daß wir, wenn wir für sie die Zeichen, die sie abkürzen, substituieren, im Satz, der sich ergibt, keinen Bestandteil mehr haben, der ihnen entspricht. Der ganze Zusammenhang wurde substituiert, und nach der Substitution haben wir einen neuen Kontext, in dem nichts mehr den grammatischen Eigennamen oder den Kennzeichnungen entspricht.

Gehen wir nun weiter ins Detail. Wie sehen Kontextdefinitionen von grammatischen Eigennamen und von Kennzeichnungen aus? Zunächst zu den Kontextdefinitionen von Kennzeichnungen.

3.2.6.2 Kontextdefinitionen von Kennzeichnungen

3.2.6.2.1 Russells Elimination der Kennzeichnungen

Nach Russell gibt es zwei Grundzusammenhänge, in denen eine Kennzeichnung vorkommen kann, und zwar

(31) (Der (die, das) *P*) existiert.

und

(32) (Der (die, das) *P*) ist ein *Q*.

Beispiele dafür, die wir als wahr ansehen, sind:

(33) Der Präsident der Vereinigten Staaten im Jahr 1982 existiert.

(34) Der Präsident der Vereinigten Staaten im Jahr 1982 ist ein Amerikaner.

Beispiele dafür, die wir als falsch ansehen, sind:

(35) Das fliegende Pferd existiert.

(36) Der Präsident der Vereinigten Staaten im Jahr 1982 ist 20 Jahre alt.

Nach Russell ist jeder Zusammenhang der Form (31) definitorisch äquivalent mit der Konjunktion zweier Sätze der Form

(37) Es gibt mindestens einen (eine, ein) P.

(38) Es gibt höchstens einen (eine, ein) P.

und daher ist er definitorisch äquivalent mit

(39) Es gibt genau einen (eine, ein) P.

(33) ist somit äquivalent mit

(40) Es gibt genau einen Präsidenten der Vereinigten Staaten im Jahr 1982.

Und da (40) wahr ist, ist (33) nach Russells Theorie wie nach dem gesunden Menschenverstand wahr. Anderseits ist (35) äquivalent mit

(41) Es gibt genau ein fliegendes Pferd.

Und da (41) falsch ist (weil es ja überhaupt kein fliegendes Pferd gibt), ist (35) sowohl nach Russells Theorie als auch nach dem gesunden Menschenverstand falsch.

Kennzeichnungen, für die (31) wahr ist, werden gewöhnlich '**richtig**' genannt, und Kennzeichnungen, für die (31) falsch ist, werden üblicherweise '**unrichtig**' genannt. Da eine Kennzeichnung der Form (der P) aber aus zwei verschiedenen Gründen unrichtig sein kann - nämlich erstens weil es nicht wahr ist, daß es mindestens einen P gibt (m.a.W. weil es keinen P gibt), oder zweitens weil es nicht wahr ist, daß es höchstens einen P gibt (m.a.W. weil es mehr als einen P gibt) -, werden wir hier auch zwei entsprechende Adjektive benutzen: Wir werden eine Kennzeichnung der Form (der P) genau dann '**leer**' nennen, wenn es keinen P gibt, und '**mehrdeutig**', wenn es mehr als einen P gibt. Die Kennzeichnung 'das fliegende Pferd' ist also leer und die Kennzeichnung 'der Senator der Vereinigten Staaten im Jahr 1982' ist mehrdeutig. Beide Kennzeichnungen sind natürlich unrichtig, aber aus verschiedenen Gründen.

Und nun zu den Kontexten der Form (32). Nach Russell sind diese definitorisch äquivalent mit der Konjunktion dreier Sätze der Form

(42) Es gibt mindestens einen (eine, ein) P.

(43) Es gibt höchstens einen (eine, ein) P.

(44) Alle Gegenstände, die P sind, sind auch Q.

Etwa ist (34) wahr, denn alle drei Sätze

(45) Es gibt mindestens einen Präsidenten der Vereinigten Staaten im Jahr 1982.

(46) Es gibt höchstens einen Präsidenten der Vereinigten Staaten im Jahr 1982.

(47) Alle Gegenstände, die Präsidenten der Vereinigten Staaten im Jahr 1982 sind, sind auch Amerikaner.

sind wahr. (36) dagegen ist falsch, weil zwar die zwei Sätze (45) und (46) wahr sind, doch der Satz

(48) Alle Präsidenten der Vereinigten Staaten im Jahr 1982 sind 20 Jahre alt.

falsch ist und eine Konjunktion eben falsch ist, wenn mindestens einer ihrer Teile falsch ist, mögen auch alle die anderen Teile wahr sein.

Nicht nur nach der Russellschen Theorie, sondern auch nach dem gesunden Menschenverstand ist (34) wahr und (36) falsch. Aber der gesunde Menschenverstand kennt keine unverzügliche und zweifelsfreie Antwort auf solche Fragen wie zum Beispiel, ob

(49) Das fliegende Pferd ist weiß.

wahr oder falsch ist, denn - wie wir gesehen haben - gibt es kein fliegendes Pferd, also ist es nicht klar, wie wir entscheiden sollen, ob das fliegende Pferd weiß ist oder nicht. Nach der Russellschen Theorie gibt es eine Antwort auf jede solche Frage. Zum Beispiel ist (49) falsch, denn

(50) Es gibt mindestens ein fliegendes Pferd.

ist falsch und daher ist die Konjunktion, mit der (49) äquivalent ist, auch falsch.

Allgemein gilt: Jeder Satz der Form (32) ist falsch, wenn die Kennzeichnung (der (die, das) *P*), die in ihm vorkommt, unrichtig ist; anders gesagt, die Richtigkeit dieser Kennzeichnung ist eine notwendige Bedingung der Wahrheit jedes Satzes der Form (32). Hierzu noch zwei Beispiele.

(51) Das runde Quadrat ist grün.

ist falsch, weil es kein rundes Quadrat gibt, und

(52) Der Senator der Vereinigten Staaten im Jahr 1982 ist alt.

ist auch falsch, weil es mehr als einen Senator der Vereinigten Staaten im Jahr 1982 gibt.

Es ist allerdings wichtig zu bemerken, daß hier die Russellsche Theorie nicht nur dezidierte Antworten gibt, wo der gesunde Menschenverstand darum verlegen ist, sondern auch zuweilen Antworten gibt, die dem gesunden Menschenverstand (wie auch anderen Referenztheorien) widersprechen. Zum Beispiel sind nach Russells Theorie die Sätze

(53) Das runde Quadrat ist ein Quadrat.

(54) Das fliegende Pferd ist ein fliegendes Pferd.

(55) Der Senator der Vereinigten Staaten im Jahr 1982 ist ein Senator der Vereinigten Staaten im Jahr 1982.

auch falsch, weil die Kennzeichnungen 'das runde Quadrat', 'das fliegende Pferd', 'der Senator der Vereinigten Staaten im Jahr 1982' alle unrichtig sind. Aber wir wissen, daß nach Meinongs Theorie (und wahrscheinlich auch nach dem gesunden Menschenverstand) (53), (54) und (55) alle wahr sind.

Der Gebrauch einer Kennzeichnung in einem Satz kommt - nach Russells Auffassung - dem Gebrauch eines verschlüsselten Wortes in einem Satz nahe. Man muß erst die Kennzeichnung gemäß einem Code entschlüsseln, um den Satz, in dem sie vorkommt, zu verstehen. Dann wird einem klar, daß der betreffende Satz nur scheinbar die gewohnte Subjekt-Prädikat-Form hat und in Wirklichkeit viel komplizierter aufgebaut ist. Der Code ist natürlich die Russellsche These, Sätze der Form (31) bzw. (32) seien Konjunktionen von Sätzen der Form (42) und (43) bzw. von Sätzen der Form (42), (43), und (44). Die Russellsche Theorie erlaubt uns damit die Elimination von Kennzeichnungen. Sie werden beseitigt, indem sie übersetzt werden, und erst ihre Übersetzung verdeutlicht uns, was wir eigentlich, als wir sie gebrauchten, mit ihnen gemeint haben. So sagt uns etwa Russells Theorie, daß wir, wenn wir den Satz (34) benutzen, in Wirklichkeit das meinen, was der Satz

(56) Es gibt mindestens einen Präsidenten der Vereinigten Staaten im Jahr 1982 *und* es gibt höchstens einen Präsidenten der Vereinigten Staaten im Jahr 1982 *und* alle Präsidenten der Vereinigten Staaten im Jahr 1982 sind Amerikaner.

ausdrückt. Man beachte, daß in dieser Übersetzung der Ausdruck 'der Präsident der Vereinigten Staaten im Jahr 1982' nicht vorkommt, mehr noch, daß dort überhaupt keine Kennzeichnung vorkommt. Wir finden natürlich noch immer den Ausdruck 'Präsident der Vereinigten Staaten im Jahr 1982' vor, aber dieser Ausdruck ist keine Kennzeichnung, sondern ein genereller Term oder Prädikatausdruck; er bezeichnet nicht einen Gegenstand, sondern eine Eigenschaft, nämlich die Eigenschaft, ein Präsident der Vereinigten Staaten im Jahr 1982 zu sein.

Wir haben uns schon in 3.2.4 überlegt, daß wir gewöhnlich im Besitz einer Methode zu sein glauben, mit deren Hilfe wir entscheiden können, ob ein Satz, der eine Kennzeichung enthält (etwa die Kennzeichnung 'der Präsident der Vereinigten Staaten im Jahr 1982'), wahr oder falsch ist. Ganz grob gesagt ist die Methode die folgende. Um herauszufinden, ob zum Beispiel (34) wahr oder falsch ist, müssen wir den Präsidenten der Vereinigten Staaten im Jahr 1982 (d.h. das Objekt, das der Ausdruck 'der Präsident der Vereinigten Staaten im Jahr 1982' bezeichnet) finden und dann nachprüfen, ob dieses Objekt ein Amerikaner ist. Wie wir schon gesehen haben, setzt diese Methode aber voraus, daß der Ausdruck 'der Präsident der Vereinigten Staaten im Jahr 1982' genau ein Objekt bezeichnet, m.a.W. daß dieser Ausdruck ein singulärer Term ist.

Russells Übersetzung liefert uns eine andere Methode, um herauszufinden, ob (34) wahr oder falsch ist. Wir müssen nach dieser Methode nachprüfen, (a) ob mindestens ein Objekt die Eigenschaft hat, ein Präsident der Vereinigten Staaten im Jahr 1982 zu sein, (b) ob höchstens ein Objekt die Eigenschaft hat, ein Präsident der Vereinigten Staaten im Jahr 1982 zu sein, und (c) ob alle Objekte, welche die Eigenschaft haben, ein Präsident der Vereinigten Staaten im Jahr 1982 zu sein, auch die Eigenschaft haben, ein Amerikaner zu sein. Und diese Methode setzt nicht voraus, daß eine Referenz des Ausdrucks 'der Präsident der Vereinigten Staaten im Jahr 1982' existiert, daß es genau ein Objekt gibt, das der Präsident der Vereinigten Staaten im Jahr 1982 ist, und sie kommt daher ohne die Annahme aus, daß die Kennzeichnung 'der Präsident der Vereinigten Staaten im Jahr 1982' ein singulärer Term ist. Russells Kontextdefinitionen der Kennzeichnungen machen also seinen Anspruch plausibel, daß man Kennzeichnungen nicht als singuläre Terme aufzufassen braucht.

3.2.6.2.2 Primäres und sekundäres Vorkommen von Kennzeichnungen und die Einführung des Bereichsoperators

Obwohl wir das Wesentliche an den Russellschen Kontextdefinitionen schon herausgearbeitet haben, gibt es noch eine Komplikation zu überlegen. Sie ist folgende. Betrachten wir den Satz

(57) Der Präsident der Vereinigten Staaten im Jahr 1982 ist nicht ein Amerikaner.

Wie sollen wir Russells Kontextdefinitionen für Kennzeichnungen auf (57) anwenden? Es gibt zwei mögliche Antworten auf diese Frage. Die eine ist, daß (57) die Form

(58) (Der P) ist Q.

hat, wobei Q für die Eigenschaft steht, nicht ein Amerikaner zu sein. In diesem Fall ist (57) definitorisch äquivalent mit

(59) Es gibt mindestens einen Präsidenten der Vereinigten Staaten im Jahr 1982 und es gibt höchstens einen Präsidenten der Vereinigten Staaten im Jahr 1982 und alle Präsidenten der Vereinigten Staaten im Jahr 1982 sind nicht Amerikaner.

Die andere Antwort ist, daß (57) die Verneinung eines Satzes der Form (58) ist, wobei Q für die Eigenschaft steht, ein Amerikaner zu sein. (57) wäre danach äquivalent mit der Negation von (34), also mit

(60) Es ist nicht der Fall, daß der Präsident der Vereinigten Staaten im Jahr 1982 ein Amerikaner ist.

In diesem zweiten Fall ist die Übersetzung von (57) nach Russell diese:

(61) Folgendes ist nicht der Fall: Es gibt mindestens einen Präsidenten der Vereinigten Staaten im Jahr 1982 und es gibt höchstens einen Präsidenten der Vereinigten Staaten im Jahr 1982 und alle Präsidenten der Vereinigten Staaten im Jahr 1982 sind Amerikaner.

Hier ist ein allgemeines Problem angesprochen. Russells Definitionen der Kennzeichnungen sind Kontextdefinitionen, sie definieren Kennzeichnungen in den Zusammenhängen, in denen sie vorkommen, oder - besser gesagt - sie definieren ganze Zusammenhänge, in denen Kennzeichnungen vorkommen. Bevor wir solche Definitionen anwenden, müssen wir wissen, was der Kontext ist, in dem eine Kennzeichnung vorkommt, und das kann nicht immer auf klare und einfache Weise geschehen. Was ist etwa der Zusammenhang, in dem die Kennzeichnung (der P) vorkommt, in einem Satz der Form

(62) (Der P) ist nicht Q. ?

Ist er nur

(63) (Der P) ist Q.

und ist der ganze Satz die Verneinung davon? Oder ist er der ganze Satz selbst? Je nachdem, wie die Antwort ausfällt, erhalten wir eine verschiedene Übersetzung des Satzes.

Oder was ist etwa der Kontext, in dem (der P) in einem Satz der Form

(64) (Der P) ist Q oder A.

vorkommt? Ist er nur (63) und ist der ganze Satz die Disjunktion von (63) und A? Oder ist er der ganze Satz selbst? Wenn wir die erste Antwort geben, dann ist die Übersetzung von (64) nach der Russellschen Theorie die folgende *Disjunktion*:

(65) (Es gibt mindestens einen P und es gibt höchstens einen P und alle, die P sind, sind Q) oder A.

Wenn wir die zweite Antwort geben, dann ist die Übersetzung von (64) die folgende *Konjunktion*:

(66) Es gibt mindestens einen P und es gibt höchstens einen P und (alle, die P sind, sind Q oder so beschaffen, daß A der Fall ist).

Russell glaubte nicht, daß eine dieser Antworten immer die richtige Antwort ist, er glaubte, daß die Umgangssprache hier zweideutig ist und daß in einigen Fällen das, was wir meinen, besser von der einen Übersetzung, in anderen Fällen besser von der anderen Übersetzung ausgedrückt wird. Zuerst versuchte er, diese Zweideutigkeit in den Griff zu bekommen, indem er eine Unterscheidung zwischen dem primären und dem sekundären Vorkommen einer

Kennzeichnung in einem Satz machte. Die Kontextdefinitionen, so sagte er, sind nicht hinreichend, um die Übersetzung eines Satzes der Form

(67) (Der P) ist nicht Q.

zu liefern. Wir müssen auch angeben, ob (der P) ein **primäres Vorkommen** in (67) hat, in welchem Fall (67) äquivalent ist mit

(68) Es gibt mindestens einen P und es gibt höchstens einen P und alle, die P sind, sind (nicht Q).

Oder ob (der P) ein **sekundäres Vorkommen** in (67) hat, in welchem Fall (67) äquivalent ist mit

(69) Es ist nicht der Fall, daß (der P) Q ist.

Aber später ließ Russell die Terminologie von primären und sekundären Vorkommen fallen, wahrscheinlich weil er dachte, sie mache die Dinge überaus kompliziert. Um das einzusehen, betrachte man etwa einen Satz der Form

(70) Es ist nicht der Fall, daß (der P) ist nicht Q.

Wir haben hier drei Übersetzungsmöglichkeiten, nämlich

(71) Es gibt mindestens einen P und es gibt höchstens einen P und alle, die P sind, sind so, daß es nicht der Fall ist, daß sie Q nicht sind.

(72) Folgendes ist nicht der Fall: Es gibt mindestens einen P und es gibt höchstens einen P und alle, die P sind, sind (nicht Q).

(73) Es ist nicht der Fall, daß folgendes nicht der Fall ist: Es gibt mindestens einen P und es gibt höchstens einen P und alle, die P sind, sind Q.

Hier mußten wir also zwischen einem primären, einem sekundären und einem tertiären Vorkommen der Kennzeichnung (der P) unterscheiden. Und wir können natürlich Fälle erdenken, in denen wir quartäre, quintäre und noch mehr Vorkommen von Kennzeichnungen unterscheiden sollten. Betrachten wir ferner einen Satz der scheinbar einfachen Form

(74) (Der P) ist nicht Q und (der R) ist nicht S.

Wir haben in (74) zwei Kennzeichnungen vorliegen und deshalb anzugeben, ob die erste ein primäres oder sekundäres etc. Vorkommen hat und ob die zweite ein primäres oder sekundäres etc. Vorkommen hat. Das ist einigermaßen umständlich, und wahrscheinlich hat deshalb Russell nach einem anderen Ausweg gesucht. Dieser Ausweg bestand in der Erfindung des sogenannten Bereichsoperators.

Der **Bereichsoperator** wurde in eine formale Sprache eingeführt, wir wollen jedoch ohne künstliche Symbole auskommen und werden daher in der Umgangssprache bleiben, wir müssen sie aber ein wenig präzisieren, um die Funktion des Bereichsoperators klar machen zu können. Also legen wir fest, daß die Verneinung eines Satzes A durch (nicht A), die Konjunktion zweier Sätze A und B durch (A und B) und der Bereichsoperator einer Kennzeichnung (der P) durch [der P] dargestellt wird. Dieser Ausdruck wird dem Zusammenhang, in dem (der P) vorkommt, unmittelbar vorangestellt und der Zusammenhang wird eingeklammert. Damit ist klar gemacht, was dieser Zusammenhang ist. So ist etwa

(75) [Der P] (Nicht (der P ist Q)).

kein zweideutiger Ausdruck wie (67), weil es nach unseren Vereinbarungen völlig klar ist, daß der Kontext der Kennzeichnung (der P)

(76) Nicht ((der P) ist Q).

ist (also (67) selbst!) und daß somit (75) äquivalent mit (68) ist. Ähnlich ist

(77) Nicht ([der P] ((der P) ist Q)).

im Gegensatz etwa zu (67) nicht mehr zweideutig, weil es jetzt vollkommen offensichtlich ist, daß der Zusammenhang der Kennzeichnung (der P) nur

(78) (der P) ist Q.

ist (also nur ein Teil von (67)!) und daß somit (77) äquivalent mit (69) ist, das heißt näherhin äquivalent ist mit

(79) Nicht (Es gibt mindestens einen P und höchstens einen P und alle, die P sind, sind Q).

Und so ist etwa auch

(80) [Der P] ((der P) ist Q und [der R] ((der R) ist S)).

kein mehrdeutiger Ausdruck, weil aus seiner Schreibweise eindeutig hervorgeht, daß der Kontext der Kennzeichnung (der *P*) der ganze Ausdruck

(81) ((der *P*) ist *Q* und [der *R*] ((der *R*) ist *S*)).

ist, während der Zusammenhang der Kennzeichnung (der *R*) nur

(82) (der *R*) ist *S*.

ist und daher (80) definitorisch äquivalent ist mit

(83) Es gibt mindestens einen *P* und es gibt höchstens einen *P* und alle *P* sind (*Q* und zwar derart, daß gilt: Es gibt mindestens einen *R* und es gibt höchstens einen *R* und alle *R* sind *S*).

Nun könnte jemand einwenden, daß Bereichsoperatoren oder die Unterscheidung zwischen primären, sekundären etc. Vorkommen es zwar erlauben, Mehrdeutigkeiten zu beseitigen, aber daß diese Mehrdeutigkeiten im allgemeinen nicht ins Gewicht fallen. Denn sehen wir uns noch einmal unseren Beispielssatz (57) an. Entweder ist er definitorisch äquivalent mit (59) oder mit (61). Aber in beiden Lesarten kommt er als falsch heraus. Im ersten Fall, weil das letzte Konjunktionsglied von (59) falsch ist, im zweiten Fall, weil (61) die Negation einer wahren Konjunktion ist. Es scheint also, daß, gleichgültig welchen Bereich eine Kennzeichnung hat, der Satz, der die Kennzeichnung enthält, in allen möglichen Fällen entweder als wahr oder als falsch herauskommt. Aber diese Vermutung ist voreilig.

Betrachten wir jetzt diesen Satz:

(84) Das fliegende Pferd ist nicht weiß.

Wenn der Kontext der Kennzeichnung 'das fliegende Pferd' der ganze Satz ist, dann ist (84) definitorisch äquivalent mit

(85) Es gibt mindestens ein fliegendes Pferd und es gibt höchstens ein fliegendes Pferd und alle fliegenden Pferde sind nicht weiß.

und somit falsch, weil das erste Konjunktionsglied von (85) falsch ist. Aber wenn der Zusammenhang der Kennzeichnung nur

(86) Das fliegende Pferd ist weiß.

ist und der ganze Satz die Verneinung davon ist, dann ist (84) definitorisch äquivalent mit

>   (87) Folgendes ist nicht der Fall: Es gibt mindestens ein fliegendes Pferd und es gibt höchstens ein fliegendes Pferd und alle fliegenden Pferde sind weiß.

und somit wahr, weil (87) die Negation einer falschen Konjunktion ist.

Auch bei Betrachtung des Satzes

>   (88) Der Senator der Vereinigten Staaten im Jahr 1982 ist nicht alt.

kommen wir zu einem ähnlichen Ergebnis. In der Lesart

>   (89) [Der Senator der Vereinigten Staaten im Jahr 1982] (Nicht (Der Senator der Vereinigten Staaten im Jahr 1982 ist alt.))

ist (88) falsch, weil es mehr als höchstens einen Senator der Vereinigten Staaten im Jahr 1982 gibt; und in der Lesart

>   (90) Nicht ([Der Senator der Vereinigten Staaten im Jahr 1982] (Der Senator der Vereinigten Staaten im Jahr 1982 ist alt.))

ist (88) wahr, weil (90) die Negation einer falschen Konjunktion ist.

Allgemein gilt:

Wenn (der P) eine unrichtige (d.h. leere oder mehrdeutige) Kennzeichnung ist, dann ist ein Satz der Form

>   (91) (Der P) ist nicht Q.

falsch, wenn der Zusammenhang der Kennzeichnung (der P) der ganze Satz ist; und er ist wahr, wenn der Kontext der Kennzeichnung nur jener Teil von ihm ist, der die Form

>   (92) (Der P) ist Q.

hat.

3.2.6.3 Kontextdefinitionen von grammatischen Eigennamen

Die Antwort auf die Frage, was Kontextdefinitionen von grammatischen Eigennamen sind, kann kurz ausfallen, denn Russell glaubte, daß grammatische Eigennamen Abkürzungen für Kennzeichnungen sind. Zum Beispiel ist nach ihm der grammatische Eigenname 'Pegasus' eine Abkürzung für die Kennzeichnung 'das fliegende Pferd' oder 'Ronald Reagan' eine Abkürzung für 'der Präsident der Vereinigten Staaten im Jahr 1982'. Also ist nach Russells Theorie

(93) Pegasus ist weiß.

eine Abkürzung für

(94) Das fliegende Pferd ist weiß.

und da (94) eine Abkürzung für

(95) Es gibt genau ein fliegendes Pferd und alle fliegenden Pferde sind weiß.

ist, ist auch (93) eine Abkürzung für (95); und da schließlich (95) falsch ist, ist es auch (93). Anderseits ist

(96) Ronald Reagan ist ein Amerikaner.

eine Abkürzung für

(97) Der Präsident der Vereinigten Staaten im Jahr 1982 ist ein Amerikaner.

und da (97) eine Abkürzung für

(98) Es gibt genau einen Präsidenten der Vereinigten Staaten im Jahr 1982 und alle Präsidenten der Vereinigten Staaten im Jahr 1982 sind Amerikaner.

ist, ist auch (96) eine Abkürzung für (98); und da schließlich (98) wahr ist, ist es auch (96). --

Soviel zur Russellschen Theorie. Nun zu ihrer Anwendbarkeit auf die Referenzproblematik.

3.3 Russells Theorie und das Problem der leeren Referenz

Erinnern wir uns: Die Frage, ob der Satz

(99) Pegasus existiert nicht.

wahr oder über Pegasus oder beides ist, wurde von Meinong so beantwortet, daß (99) sowohl wahr als auch über Pegasus ist, weil es Gegenstände gibt, die nicht existieren. Doch ist - wie wir gesehen haben - diese Antwort eine recht problematische, denn manche dieser nicht-existierenden Gegenstände sind widersprüchlich oder logisch unmöglich. Russells Antwort ist von der Meinongs verschieden. Er glaubte, daß (99) wahr ist oder zumindest wahr sein kann, aber daß (99) bestimmt nicht von Pegasus handelt.

Entwickeln wir nun Russells Lösungvorschlag schrittweise. Als erstes betrachten wir den Satz

(100) Das fliegende Pferd existiert.

Nach den Russellschen Kontextdefinitionen für Kennzeichnungen und gemäß Russells Lesart von 'existieren' (vgl. Seite 50) ist (100) äquivalent mit

(101) Es gibt genau ein fliegendes Pferd.

Aber natürlich ist (101) falsch, da es überhaupt kein fliegendes Pferd gibt, und daher ist (100) auch falsch. Worüber besagt (100) etwas? Es scheint, als ob (100) etwas über das fliegende Pferd behauptet, aber dieser Eindruck ist irreführend. Die grammatische Form von (100) ist nicht identisch mit der logischen Form von (100), (100) drückt nur verschlüsselt aus, was (101) unverschlüsselt besagt, und (101) behauptet offenkundig nichts über das fliegende Pferd als einen Gegenstand, sondern bestenfalls etwas über die Eigenschaft, ein fliegendes Pferd zu sein. Somit ist (100) weder wahr noch über das fliegende Pferd.

Als zweites betrachten wir den Satz

(102) Pegasus existiert.

Da 'Pegasus' eine Abkürzung für 'das fliegende Pferd' ist, ist (102) eine Abkürzung für (100) und daher auch für (101). Also ist (102) auch falsch. Worüber ist (102)? Scheinbar sagt (102) etwas über Pegasus aus, aber wiederum sollten wir nicht der grammatischen Form von (102) vertrauen. Bevor wir sagen, worüber (102) etwas behauptet, müssen wir (102) nach der Russellschen Theorie übersetzen. Und wenn wir (102) übersetzen, bekommen wir (101), und (101) behauptet höchstens etwas über die Eigenschaft, ein fliegendes Pferd zu sein, aber nichts über das fliegende Pferd oder über Pegasus. Somit ist (102) weder wahr noch über Pegasus.

Und nun zu (99). Wir wissen, daß (99) nach Russell zweideutig ist. In der präzisierten Umgangssprache, die wir in 3.2.6.2.2 festgelegt haben, kann (99) entweder

(103) [Das fliegende Pferd] (Nicht (Das fliegende Pferd existiert.))

oder

(104) Nicht ([Das fliegende Pferd] (Das fliegende Pferd existiert.))

bedeuten. Es kann also der Zusammenhang der Kennzeichnung 'das fliegende Pferd', für die 'Pegasus' eine Abkürzung ist, der ganze Satz (99) oder nur der Teil (102) sein. Noch anders ausgedrückt, (99) kann auf zwei verschiedene Weisen intuitiv gelesen werden: entweder als die Aussage, daß Pegasus (d.h. das fliegende Pferd) die Eigenschaft hat, nicht zu existieren, oder als die Verneinung der Aussage, daß Pegasus die Eigenschaft hat zu existieren. Wenn Satz (99) im ersten Sinn gelesen wird, dann ist er definitorisch äquivalent mit

(105) Es gibt genau ein fliegendes Pferd und alle fliegenden Pferde existieren nicht.

und daher ist er falsch, denn es ist nicht der Fall, daß es genau ein fliegendes Pferd gibt. Wenn Satz (99) jedoch im zweiten Sinn gelesen wird, dann ist er definitorisch äquivalent mit

(106) Es ist nicht der Fall, daß es genau ein fliegendes Pferd gibt.

und dann ist er natürlich wahr. Aber in beiden Fällen handelt (99) nicht von Pegasus oder vom fliegenden Pferd, sondern bestenfalls von der Eigenschaft, ein fliegendes Pferd zu sein.

Russells Lösungsvorschlag für das Problem der leeren Referenz ist damit folgender. Der Satz (99) kann entweder wahr oder falsch sein. Er ist wahr, wenn er als die Verneinung der Aussage, daß Pegasus existiert, gelesen wird. Er ist falsch, wenn er als die Aussage, daß Pegasus die Eigenschaft hat, nicht zu existieren, gelesen wird. Doch in beiden Fällen ist er nicht über Pegasus. Es scheint nur so, als ob er über Pegasus ist, aber dieser Eindruck beruht auf der irreführenden Subjekt-Prädikat-Form von (99). Im allgemeinen ist die grammatische Form natürlichsprachiger Ausdrücke, in denen Kennzeichnungen vorkommen, irreführend. Nur duch die Übersetzungsanleitung, mit der uns Russells Theorie versorgt, wird, was wir wirklich meinen, klar. Also dürfen wir nach Ansicht Russells nicht der grammatischen Form der Umgangssprache blindlings vertrauen, wenn wir wissen wollen, worüber unsere Sätze tatsächlich etwas behaupten, sondern wir müssen die Sätze im Sinne der Russellschen Theorie übersetzen, um beurteilen zu können, worüber sie etwas behaupten.

3.4 Russells Theorie und das Problem des ausgeschlossenen Dritten

Verletzt der Satz

(107) Pegasus ist weiß oder Pegasus ist nicht weiß.

das Gesetz vom ausgeschlossenen Dritten? Russells Antwort ist nein. Entwickeln wir sie wieder schrittweise.

Als erstes betrachten wir den Satz

(108) Das fliegende Pferd ist weiß.

Nach der Russellschen Theorie ist (108) definitorisch äquivalent mit

(109) Es gibt genau ein fliegendes Pferd und alle fliegenden Pferde sind weiß.

und dann ist (108) natürlich falsch. Nun ist 'Pegasus' eine Abkürzung für 'das fliegende Pferd', also ist

(110) Pegasus ist weiß.

eine Abkürzung für (108); somit ist (110) auch falsch.

Als zweites betrachten wir den Satz

(111) Das fliegende Pferd ist nicht weiß.

In unserer präzisierten Umgangssprache kann (111) als

(112) [Das fliegende Pferd] (Nicht (Das fliegende Pferd ist weiß.))

oder als

(113) Nicht ([Das fliegende Pferd] (Das fliegende Pferd ist weiß.))

gelesen werden. Wenn Satz (111) als (112) gelesen wird, ist er definitorisch äquivalent mit

(114) Es gibt genau ein fliegendes Pferd und alle fliegenden Pferde sind nicht weiß.

und dann ist er offenbar falsch. Wenn anderseits Satz (111) als (113) gelesen wird, dann ist er definitorisch äquivalent mit

(115) Folgendes ist nicht der Fall: Es gibt genau ein fliegendes Pferd und alle fliegenden Pferde sind weiß.

und dann ist er offenbar wahr. Nun ist 'Pegasus' eine Abkürzung für 'das fliegende Pferd', also ist

(116) Pegasus ist nicht weiß.

eine Abkürzung für (111); somit ist (116) wahr in der Lesart (115) und falsch in der Lesart (114). Aber (116), gelesen als (114), ist nicht die Negation von (110). Denn (110) ist definitorisch äquivalent mit der Konjunktion (109), und die Negation einer solchen Konjunktion kann nicht eine andere Konjunktion wie (114) sein, genauso wie die Negation von

(117) Alle Menschen sind weißhäutig.

nicht

(118) Alle Menschen sind nicht weißhäutig.

ist. Die Negation von (117) ist vielmehr

(119) *Einige* Menschen sind nicht weißhäutig.

Ähnlich ist die Negation von (110) - das heißt, von (109) - die *Disjunktion*

(120) Es gibt nicht genau ein fliegendes Pferd *oder* nicht alle fliegenden Pferde sind weiß.

(120) ist aber mit (115) äquivalent, und da (115) wahr ist, ist (107) wahr und folglich das Gesetz vom ausgeschlossenen Dritten nicht durch (107) verletzt.

Analoge Bemerkungen gelten für jede Lesart von (107), in der ein Vorkommnis von 'Pegasus' den Gesamtsatz als Bereich hat: In keiner dieser Lesarten ist (107) von der Form (A oder nicht A), und somit ist keine dieser Lesarten ein Gegenbeispiel zum Gesetz vom ausgeschlossenen Dritten.

3.5 Russells Theorie und das Problem der indirekten Kontexte

Angenommen, es gilt, daß ($a = b$), und angenommen, B ist aus A dadurch hervorgegangen, daß man a in A durch b ersetzt hat, dann erwarten wir, daß B wahr ist, wenn es A ist, und daß B falsch ist, wenn es A ist. Aber wir wissen, daß

(121) Peter glaubt, daß Ermanno im Herbst 1982 an der Universität Salzburg unterrichtet.

und

(122) Ermanno = der Vater von Thomas.

wahr sein können, während

(123) Peter glaubt, daß der Vater von Thomas im Herbst 1982 an der Universität Salzburg unterrichtet.

falsch ist.

Oberflächlich betrachtet ist Russells Lösungsvorschlag für dieses Problem ganz einfach. Denn er braucht das Substitutionsprinzip nicht zu verwerfen, sondern nur zu sagen, daß es auf unechte singuläre Terme nicht angewendet werden darf. Da ja weder 'Ermanno' noch 'der Vater von Thomas' echte singuläre Terme sind, folgt somit (123) nicht aus (121) und (122), indem das Substitutionsprinzip angewendet wird.

Aber es gibt da eine Komplikation. Denn es kann *bewiesen* werden, daß gilt: Wenn (der P) und (der Q) richtige Kennzeichnungen sind und wenn

(124) (der P) = (der Q).

wahr ist, dann ist für jedes Prädikat R

(125) (der P) ist R genau dann, wenn gilt: (der Q) ist R.

wahr. Die Beweisskizze ist folgende. Da ja (der P) und (der Q) richtige Kennzeichnungen sind, gibt es genau ein Objekt, das P ist, und genau eines, das Q ist. Ferner ist jedes P wegen (124) ein Q. Daher gilt: Wenn es genau ein Objekt gibt, das P ist, und wenn jedes P ein R ist, dann und nur dann gibt es genau ein Objekt, das Q ist, und ist jedes Q ein R; das heißt aber, (125) ist wahr.

Mehr noch, obiger Beweis läßt sich unschwer für die Begründung folgender Behauptung verallgemeinern: Wenn erstens (der P) und (der Q) richtige Kennzeichnungen sind, zweitens (124) wahr ist, drittens (der P) in A den weitesten Bereich hat und viertens B aus A durch die Substitution von (der Q) für (der P) hervorgeht, dann ist

(126) A genau dann, wenn B.

wahr.

Und da schließlich grammatische Eigennamen wie 'Ermanno' Abkürzungen für Kennzeichnungen sind, können dieselben Ergebnisse auch auf diese Namen ausgedehnt werden. Nehmen wir nun an, daß 'Ermanno' eine Abkürzung für die Kennzeichnung 'der Mann, der 'Ermanno' genannt wird' ist. Dann folgt (123) - zwar nicht durch *direkte* Anwendung des Substitutionsprinzips, aber auf dem etwas umständlicheren Weg, der oben skizziert worden ist - also doch aus (121) und (122), sofern (121) gelesen wird als

(127) [Der Mann, der 'Ermanno' genannt wird] Peter glaubt, daß der Mann, der 'Ermanno' genannt wird, im Herbst 1982 an der Universität Salzburg unterrichtet.

und (123) als

(128) [Der Vater von Thomas] Peter glaubt, daß der Vater von Thomas im Herbst 1982 an der Universität Salzburg unterrichtet.

Bedeutet dies, daß wir uns nach wie vor mit dem Problem der indirekten Kontexte auseinanderzusetzen haben?

Es ist die Ansicht geäußert worden, daß die Antwort auf diese Frage ein Nein ist: Schlüsse wie jener von (121) und (122) auf (123) seien zweideutig und Russells Theorie gebe uns durch die Einführung der Bereichsoperatoren ein Mittel in die Hand, mit dieser Zweideutigkeit aufzuräumen. Es ist insbesondere behauptet worden, daß ein Satz wie (121) oder (123) (unter anderem) so verstanden werden kann, daß er eine Beziehung zwischen Peter und einem *Satz* ausdrückt (nämlich die Beziehung, daß Peter den Satz für wahr hält), *oder* so aufgefaßt werden kann, daß er eine Eigenschaft von einem *Ding* aussagt (das heißt, daß er dem Ding, das mit Ermanno oder mit dem Vater von Thomas identisch ist, die Eigenschaft zuschreibt, daß Peter etwas über dieses Ding für wahr hält). Und es ist argumentiert worden, daß, obschon in der ersten Lesart (die **'de dicto'** genannt wird vom lateinischen 'dictum' für 'Satz') der Schluß ungerechtfertigt ist, da ja Peter einen bestimmten Satz für wahr halten mag, ohne deshalb irgendeinen anderen Satz für wahr zu halten, der Schluß in der zweiten Lesart (die **'de re'** genannt wird vom lateinischen 'res' für 'Ding') gerechtfertigt ist, da ja, wenn etwas auf ein Ding zutrifft, es dann auf dieses Ding zutrifft, wie immer auch das betreffende Ding genannt wird. Mit anderen Worten, es ist argumentiert worden, daß zwar in der natürlichsten Lesart von (123) und (121), nämlich der de-dicto-Lesart, (123) vielleicht nicht aus (121) und (122) folgt, weil die de-dicto-Lesart von (123) falsch sein könnte, während die von (121) wahr ist, daß aber in der de-re-Lesart beider Sätze (123) aus (121) und (122) sicherlich folgt, daß also die Folgebeziehung durchaus besteht, wenn (123) gelesen wird als

(129) Es trifft auf das Ding, das der Vater von Thomas (das heißt, Ermanno) ist, zu, daß Peter von ihm glaubt, daß es im Herbst 1982 an der Universität Salzburg unterrichtet.

und (121) gelesen wird als

(130) Es trifft auf das Ding Ermanno zu, daß Peter von ihm glaubt, daß es im Herbst 1982 an der Universität Salzburg unterrichtet.

Wenn diese Unterscheidungen und Argumente akzeptiert werden, dann ist nichts Verkehrtes daran, (128) aus (127) und (122) zu erschließen. Denn wenn den jeweiligen Kennzeichnungen der *weiteste* Bereich zugeordnet wird, dann ist nicht die de-dicto-, sondern die de-re-Lesart die natürlichste, und bei *dieser* Lesart funktioniert der Schluß. Es gäbe zwar ein Problem, wenn Russells Theorie den fraglichen Schluß bei der de-dicto-Lesart zuließe (wenn also den Kennzeichnungen ein engerer Bereich zugeordnet wird), aber das auf Seite 66 oben skizzierte Argument läßt sich nicht so erweitern, daß es *diesen* (problematischen) Schluß rechtfertigt. Tatsächlich ist es eben keineswegs so, daß die Theorie den Schluß von (121) und (122) auf (123), wobei die Kennzeichnungen den engeren Bereich erhalten, erlaubt. Deshalb - so die Meinung vieler - zeigt sich hier kein Problem für die Russellsche Theorie, sondern es erweist sich im Gegenteil nur, daß sie Unterscheidungen zuläßt, die durch die gewöhnliche logische Analyse einfach verwischt werden.

3.6 Eine kurze Einschätzung der Russellschen Theorie

Eigentlich alle Positionen, die wir in den folgenden Kapiteln studieren werden, stellen einige grundsätzliche Intuitionen und Motive Russells in Frage. Es ist deshalb unnötig, hier eine detaillierte Analyse der Einwände vorzunehmen, mit denen Russells Theorie zu rechnen haben mag. Aber eine kurze Erklärung zur Sache ist in Ordnung.

Frank Ramsey hat Russells Theorie ein ideales Beispiel für eine philosophische Theorie genannt. Und sicherlich läßt sich eine Menge zu ihren Gunsten sagen. Sie ist ein gut durchdachter, klar und deutlich formulierter Vorschlag, der vom Start weg eindeutige Bedingungen für seine Adäquatheit aufstellt (die im wesentlichen darin bestehen, eine Lösung für die drei Probleme zu liefern, um die das vorliegende Buch kreist) und damit endet, diese Bedingungen zufriedenstellenderweise zu erfüllen im Kontext einer sehr allgemeinen Einstellung zu Sprache, Wissen und Wirklichkeit. Anderseits führen vermutlich gerade diese hervorstechenden Merkmale der logischen Sauberkeit und Insichgeschlossenheit zu Problemen für die Theorie, wie ich nun erläutern werde.

Erstens gibt es Gründe zu vermuten, daß die Umgangssprache nicht so wohlbestimmt ist, wie uns die Anwendung der Russellschen Theorie auf sie glauben lassen will, insbesondere dürfen wir annehmen, daß Sätze, die singuläre Terme enthalten, nicht immer den durch diese Theorie eindeutig festgelegten Wahrheitsbedingungen unterliegen. So ist es wahrscheinlich am besten, diese Theorie (wie auch die Frege-Carnap-Theorie, die wir im nächsten Kapitel studieren werden) nicht als eine deskriptive Theorie zu sehen, die unseren Sprachgebrauch beschreibt, sondern als eine präskriptive, die uns vorschreibt, wie wir *stattdessen* unsere Sprache gebrauchen sollten. Aber in welchem Sinn löst Russell dann wirklich die Probleme, die er angesprochen hat, außer in dem, daß er sie zum Verschwinden bringt, indem er das Thema wechselt?

Zweitens machen Russells eigene Darstellungen seiner Theorie oft nicht deutlich, daß die Anerkennung dieser Theorie die Akzeptierung vieler philosophischer Thesen erzwingt, die man sonst vielleicht höchst zweifelhaft fände, so zum Beispiel die Behauptung, die Bedeutung eines singulären Terms reduziere sich auf seine Referenz, oder die Folgerung, hinweisende Fürwörter seien die einzigen "echten" singulären Terme, die wir (außerhalb symbolischer Sprachen) je benutzen, oder die Doktrin, das Objekt, auf das sich diese Fürwörter unmittelbar beziehen, sei der Inhalt unserer jeweiligen subjektiven Erfahrung. Wenn solche Implikationen ans Licht gebracht werden (wie wir es hier zu tun versucht haben), dann mag die Aufdeckung des hohen Integrationsniveaus, das zwischen Russells Theorie der Kennzeichnungen und seiner allgemeinen philosophischen Position besteht (oder, um einen Ausspruch Russells über Leibniz zu paraphrasieren, das Ausmaß, in dem seine Logik seine Metaphysik bestimmte) so manchen, der Probleme mit dieser allgemeinen Position hat, mißtrauisch auch in bezug auf seine Theorie der Kennzeichnung werden lassen.

3.7 Literatur

Unter Russells Darstellungen seiner Theorie der Kennzeichnungen verdienen wenigstens die folgenden drei erwähnt zu werden: Der schon auf Seite 23 zitierte Aufsatz "On Denoting"; weiters der Abschnitt *14 der *Principia Mathematica*, Band 1 (zusammen mit Alfred N. Whitehead), London, Cambridge University Press 1910; und schließlich das Kapitel 16 von *Introduction to Mathematical Philosophy*, London, Allen & Unwin 1919 (deutsch: *Einführung in die mathematische Philosophie*, Darmstadt, Holle 1953).

Klassische Literaturverweise bezüglich der philosophischen Implikationen der Theorie sind: "Knowledge by Acquaintance and Knowledge by Description", *Proceedings of the Aristotelian Society* 11 (1910-11), pp. 108-128, wiederabgedruckt in *Mysticism and Logic*, London, Allen & Unwin 1918, pp. 152-167 (deutsch: "Erkenntnis durch Bekanntschaft und Erkenntnis durch Beschreibung" in *Die Philosophie des logischen Atomismus, Aufsätze zur Logik und Erkenntnistheorie 1908-1918*, ausgewählt, übersetzt und eingeleitet von Johannes Sinnreich, München, Deutscher Taschenbuch Verlag 1976, pp. 66-82); "The Philosophy of Logical Atomism", in *Logic and Knowledge*, herausgegeben von R. C. Marsh, London, Allen & Unwin 1956, pp. 177-281 (deutsch: "Philosophie des logischen Atomismus" in *Die Philosophie des logischen Atomismus* (siehe oben), pp. 178-277); und *An Inquiry into Meaning and Truth*, New York, Norton 1940.

Eine nützliche Erörterung der Theorie kann gefunden werden in David Kaplans "What is Russell's Theory of Descriptions?" in *Physics, Logic, and History*, herausgegeben von W. Yourgrau, New York, Plenum Press 1970, pp. 277-288. Die erste Diskussion der Relevanz von Russells Bereichsoperatoren für die de-dicto/de-re-Unterscheidung ist enthalten in Arthur Smullyans "Modality and Description", *Journal of Symbolic Logic* 13 (1948), pp. 31-37.

8 Probleme

1. Angenommen, irgendeiner Variante des ontologischen Argumentes würde der Erfolg zuteil werden, die *logische* Notwendigkeit der Existenz Gottes zu beweisen. Welche Konsequenzen hätte dieser Beweis für die Logik des Wortes 'Gott' vom Standpunkt der Russellschen Theorie aus? Würde ein Beweis der Existenz Gottes, der auf kontingenten Prämissen basiert (etwa auf der kontingenten Existenz der Welt), ähnliche Konsequenzen haben?

2. Obwohl ich natürlich nicht existieren könnte, scheint es doch, daß das Wort 'ich' niemals geäußert werden kann, ohne daß es automatisch mit einer Referenz versehen wird, nämlich der Person, die es geäußert hat. Bedeutet dies, daß 'ich' ein logischer Eigenname im Sinne Russells ist? Und würde daraus folgen - im Fall, daß die Existenz Gottes aus logischen Gründen bewiesen werden könnte -, daß 'ich' gemäß Russell dieselbe Logik wie 'Gott' hat?

3. Wir sagten in 3.2.3, daß sich hinweisende Fürwörter in ihrem subjektiven Gebrauch auf den *Inhalt* von Vorstellungen beziehen. Das scheint eine akkurate Interpretation Russells zu sein, insofern er behauptet, jene Objekte, auf die sich hinweisende Fürwörter unmittelbar beziehen, seien Sinnesdaten. Aber es wäre möglich, hier eine Unterscheidung zwischen dem Inhalt und dem *Gegenstand* einer Vorstellung einzuführen und eine weitere zwischen einem Gegenstand in der realen Welt und dem (intentionalen) Gegenstand einer Vorstellung. Dann könnte man behaupten, daß hinweisende Fürwörter in ihrem subjektiven Gebrauch sich auf intentionale (statt auf reale) Gegenstände beziehen. Welche Konsequenzen würden sich aus dieser Behauptung für unsere Behandlung zusammengesetzter hinweisender Ausdrücke ergeben?

4. Ein Satz, in dem eine Kennzeichnung vorkommt, kann mehrdeutig sein, solange wir nicht spezifizieren, was der Kontext der Kennzeichnung in diesem Satz ist. Wäre es möglich, Mehrdeutigkeiten dieser Art zu beseitigen, ohne auf einen Einfall, der dem der Einführung von Bereichsoperatoren analog ist, zurückzugreifen?

4 Frege und Carnap

4.1 Vorbemerkungen

Gottlob Freges Hauptbeiträge zu den Themen, die in diesem Buch besprochen werden, wurden zeitlich früher als die einschlägigen Beiträge Russells publiziert, es mag daher seltsam erscheinen, daß wir hier Russell vor Frege behandeln. Aber ähnlich wie im Falle Meinongs sind wir weniger interessiert an Freges tatsächlichen Produktionen als an ihren Auswirkungen auf die analytische Sprachphilosophie, die großenteils eine Sache der anglo-amerikanischen Philosophengemeinschaft war und ist.

Zwar wurden kleine Teile des logisch-mathematischen Werkes Freges noch im ersten Weltkrieg ins Englische übersetzt, aber eine englische Übersetzung seines sprachphilosophisch wichtigsten Aufsatzes "Sinn und Bedeutung" erschien erst 1948 und ein Überblick über Freges philosophisches Werk wurde den englischsprachigen Philosophen nicht eher als 1952 geboten, als eine *Translations from the Philosophical Writings of Gottlob Frege* betitelte Sammlung erschien, die von Peter Geach und Max Black bei Blackwell (Oxford) herausgebracht worden ist. Ironischerweise lag der Zeitpunkt des Erscheinens dieser Sammlung sowohl hinter dem von Carnaps *Meaning and Necessity* als auch hinter dem von Strawsons "On Referring", die beide (wie wir in diesem und dem folgenden Kapitel sehen werden) verschiedene Fregesche Themen entwickelt haben. Also hatte Freges eigenes Werk eine ziemlich späte Auswirkung auf die analytische Philosophie Englands und der Vereinigten Staaten, während Russells Kennzeichnungstheorie für viele Jahrzehnte nach ihrem Ersterscheinen im Jahr 1905 die Szene dominierte.

Es ist deshalb in Übereinstimmung mit der generellen Linie dieses Buches, Frege nach Russell zu behandeln (obschon Russell selbst Freges Werk sehr früh kannte und durch es beeinflußt war).

4.2 Frege zum Problem der leeren Referenz

Nach Frege sind alle Kennzeichnungen und alle grammatischen Eigennamen der Umgangssprache echte singuläre Terme, in seiner Terminologie Eigennamen. Wie wir gesehen haben, wurde Russell durch seinen Glauben, daß diese Ausdrücke keine singulären Terme sind, bei seinen Lösungsvorschlägen für die Referenzproblematik entscheidend beeinflußt. Da Frege hier mit Russell nicht übereinstimmt, müssen seine Lösungsvorschläge anders ausfallen. Betrachten wir zunächst seinen Lösungsvorschlag für das Problem der leeren Referenz.

Oberflächlich betrachtet ist Freges Ansicht dieselbe wie die Russells. Frege glaubte, daß der Satz

(1) Pegasus existiert nicht.

wahr ist oder zumindest wahr sein könnte (siehe 4.3.2), und er glaubte auch, daß (1) bestimmt nicht über Pegasus ist. Doch seine Erklärung dafür ist von der Russells ganz verschieden. Russell glaubte, daß Sätze wie (1) oder

(2) Pegasus existiert.

nichts über Pegasus besagen und daß dies am grammatischen Eigennamen 'Pegasus' liegt. Auch Frege glaubte, daß (1) oder (2) nicht über Pegasus ist, aber er glaubte, daß dies nicht an 'Pegasus' liegt, sondern am Ausdruck 'existiert'. Dies scheint ein Prädikatausdruck zu sein; für viele Philosophen ist aber Existenz kein Prädikat. (Der prominenteste davon ist Kant, vgl. vor allem die erste Betrachtung in seiner Schrift "Der einzig mögliche Beweisgrund zu einer Demonstration des Daseins Gottes", 1763, im Band II von *Kant's gesammelten Schriften*, herausgegeben von der Königlich Preußischen Akademie der Wissenschaften, Berlin, Reimer 1911.) Freilich wird nicht immer sehr klar, was mit der Phrase, Existenz sei kein Prädikat, gemeint ist. Sicherlich gibt es einen intuitiven Unterschied zwischen Sätzen der Form

(3) *a* ist rot.

und

(4) *a* existiert.

Aber was genau ist dieser Unterschied? Frege hat eine Antwort auf diese Frage, und seine Antwort ist die Grundlage seines Lösungsvorschlages für unser erstes

Problem. Um Freges Antwort zu verstehen, sehen wir uns zunächst die folgenden zwei Argumente an.

(5)
(a) Die Apostel waren weise.
(b) Petrus war ein Apostel.
(c) Also war Petrus weise.

(6)
(a) Die Apostel waren zwölf.
(b) Petrus war ein Apostel.
(c) Also war Petrus zwölf.

Es ist intuitiv klar, daß das erste Argument korrekt ist, aber das zweite nicht; (6) ist absurd. Warum? Eine natürliche Antwort ist die folgende. Die Eigenschaft der Weisheit ist eine Eigenschaft, die jeder einzelne Apostel hat, und da Petrus ein Apostel ist, hat er diese Eigenschaft auch. Aber die Eigenschaft der Zwölfheit ist nicht eine Eigenschaft, die jeder einzelne Apostel hat. Sie ist bestenfalls eine Eigenschaft, die alle Apostel zusammen haben, oder - besser ausgedrückt - ist sie eine Eigenschaft, welche die *Menge* der Apostel hat. In dieser Hinsicht ist aber die Umgangssprache ganz unklar, weil ein Satz der Form

(7) (Die P) sind Q.

bedeuten kann, daß jeder einzelne P ein Q ist, oder aber, daß die Menge derer, die P sind, ein Q ist. Dies ist der Grund, weshalb es scheint, als ob (5a) und (6a) dieselbe Form haben, während sie tatsächlich jeweils über ganz verschiedene Dinge etwas besagen. Nun ist es Sache der Sprachphilosophen, diese Unklarheit und Zweideutigkeit zu beseitigen, indem sie zwischen Prädikatausdrücken, die Eigenschaften von einzelnen Objekten bezeichnen, und Prädikatausdrücken, die Eigenschaften von Mengen von Objekten bezeichnen, eindeutig unterscheiden. Zum Beispiel ist es nicht schwer zu sehen, daß die Eigenschaft, rot zu sein, oder die Eigenschaft, viereckig zu sein, Eigenschaften sind, die einzelnen Objekten zukommen, und daß daher die Sätze

(8) Die Tische sind rot.

(9) Die Tische sind viereckig.

soviel bedeuten wie

(10) Jeder einzelne Tisch ist rot.

(11) Jeder einzelne Tisch ist viereckig.

Und es ist auch nicht schwer zu sehen, daß die Eigenschaft, zahlreich zu sein, oder die Eigenschaft, unendlich zu sein, Eigenschaften sind, die Mengen von Objekten zukommen, und daß daher die Sätze

(12) Die Vögel sind zahlreich.

(13) Die Zahlen sind unendlich.

nicht dasselbe bedeuten wie

(14) Jeder einzelne Vogel ist zahlreich.

(15) Jede einzelne Zahl ist unendlich.

sondern soviel bedeuten wie

(16) Alle Vögel zusammen sind zahlreich.

(17) Alle Zahlen zusammen sind unendlich.

also zu verstehen sind im Sinne von

(18) Die Menge der Vögel ist zahlreich (hat viele Elemente).

(19) Die Menge der Zahlen ist unendlich (hat unendlich viele Elemente).

Frege war nun der Auffassung, daß auch Existenz eine Eigenschaft ist, allerdings eine, die nur Mengen von Objekten zukommen kann. Er vertrat die Ansicht, daß die Leute, wenn sie einen Satz wie

(20) Die Menschen existieren.

sagen, damit nicht meinen

(21) Jeder einzelne Mensch existiert.

sondern eher so etwas wie

(22) Es gibt Menschen.

Das heißt, sie meinen eigentlich, daß die Menge der Menschen nicht leer ist. Und wenn wir beispielsweise sagen

(23) Ronald Reagan existiert.

meinen wir nach Frege bloß soviel wie

(24) Es gibt mindestens ein Ding, daß mit Ronald Reagan identisch ist.

oder - anders ausgedrückt - soviel wie

(25) Die Menge der Dinge, die identisch mit Ronald Reagan sind, ist nicht leer.

Wenn wir nun sagen, daß Pegasus nicht existiert (unser Beipielsatz (1)), dann meinen wir also nach Frege soviel wie

(26) Es gibt kein Ding, daß identisch mit Pegasus ist.

oder - anders ausgedrückt - soviel wie

(27) Die Menge der Dinge, die identisch mit Pegasus sind, ist leer.

Somit ist Freges Lösungsvorschlag für das Problem der leeren Referenz folgender. (1) ist nicht über Pegasus, weil der Prädikatsausdruck 'existiert' keine Eigenschaft von einzelnen Objekten, sondern vielmehr eine Eigenschaft von Mengen von Objekten bezeichnet. (1) spricht folglich nicht über Pegasus, sondern über die Menge der Dinge, die mit Pegasus identisch sind. Und (1) verneint, daß die Menge der Dinge, die identisch mit Pegasus sind, nicht leer ist; (1) ist somit wahr, wenn diese Menge tatsächlich leer ist.

4.3 Freges Theorie von Sinn und Bedeutung

Soweit Freges Lösungsvorschlag. Ist er aber auch gut begründet? Ist es insbesondere möglich zu sagen, daß 'Pegasus' ein Eigenname ist, obwohl 'Pegasus' kein Objekt bezeichnet, also keine Referenz oder - wie Frege sagt - keine Bedeutung hat?

4.3.1 Über Eigennamen mit derselben Bedeutung und verschiedenem Sinn

Wäre 'Pegasus' ein Eigenname, dann müßte nach Russell seine Bedeutung mit dem Objekt, das er bezeichnet, zusammenfallen. Da es kein solches Objekt gibt, würde 'Pegasus' - als Eigenname aufgefaßt - sinnlos sein und damit würden die Sätze, die diesen scheinbaren Eigennamen enthalten, auch sinnlos sein. Also wären etwa (1) und (2) sinnlos. Nicht so für Frege. Er stimmt zwar mit Russell darin überein, daß die Bedeutung eines Eigennamens identisch mit seiner Referenz ist und daß somit ein Eigenname wie 'Pegasus' ohne eine Bedeutung ist, aber er beantwortet die Frage, ob ein Eigenname, der nichts bedeutet (bezeichnet, benennt), sinnlos ist, mit einem Nein. Die Rechtfertigung seiner Antwort ist seine Theorie vom Sinn und der Bedeutung.

Nehmen wir an, daß ein Satz der Form

(28) $a = b$.

wahr ist. Was besagt er? Er besagt, daß das Objekt, das durch a bezeichnet wird, dasselbe Objekt ist wie das, das durch b bezeichnet wird. (In Freges Terminologie: Daß die Bedeutung von a mit der Bedeutung von b identisch ist.) Da wegen der Wahrheitsannahme die Bedeutung (oder die Referenz) von a in der Tat mit der Bedeutung (oder der Referenz) von b identisch ist, besagt (28) anscheinend nichts weiter, als daß die Bedeutung (oder die Referenz) von a identisch mit sich selbst ist. Da zum Beispiel

(29) Ronald Reagan = der Präsident der Vereinigten Staaten im Jahr 1982.

wahr ist, besagt (29), daß Ronald Reagan mit sich selbst identisch ist (er ist ja der Präsident der Vereinigten Staaten im Jahr 1982). Aber dann besagt ein Satz der Form (28) eigentlich nichts anderes als ein Satz der Form

(30) $a = a$.

Etwa besagt dann (29) nicht mehr als

(31) Ronald Reagan = Ronald Reagan.

Aber dieser Schluß ist offensichtlich unhaltbar. Wenn Sätze der Form (28) nicht mehr als Sätze der Form (30) besagten, wenn beispielsweise (29) nicht mehr als (31) besagte, dann fragte es sich doch, warum wir glauben, daß Sätze der

Form (28) eine wertvolle Erweiterung unseres Wissens darstellen können, während die Sätze der Form (30) nie informativ sein können. Wir erwarten, daß jemand etwas dazulernen kann, wenn wir ihm sagen, daß Ronald Reagan der Präsident der Vereinigten Staaten im Jahr 1982 ist, aber sicher erwarten wir nicht, daß jemand etwas dazulernen kann, wenn wir ihm sagen, daß Ronald Reagan identisch mit Ronald Reagan ist.

Um eine andere Formulierung des Problems zu geben: Wenn ein Satz der Form (28) wahr ist, dann haben die Zeichen *a* und *b* dieselbe Bedeutung, sie bedeuten (bezeichnen, benennen) dasselbe Objekt. Wenn nun in einem Satz der Form (28) und im entsprechenden der Form (30) die Zeichen *a* und *b* dieselbe Bedeutung haben, wie kommt es dann, daß der erstere etwas anderes zu besagen scheint als der letztere? Freges Antwort ist, daß das, was ein Satz besagt, nicht nur von der Bedeutung der Zeichen, die er enthält, abhängt, sondern auch vom Sinn dieser Zeichen.

Frege drückt sich allerdings nicht sehr präzise darüber aus, was der Sinn eines Zeichens ist. Er sagt nur, daß der **Sinn** durch die Art und Weise bestimmt ist, in der ein Objekt angegeben (also benannt oder bezeichnet) wird. (Oder vielleicht sollten wir im Lichte des ersten Absatzes von 4.3.2 besser sagen: Der Sinn eines Zeichens ist durch die Art und Weise bestimmt, in der das Zeichen das Objekt anzugeben *beansprucht*.) Ronald Reagan etwa ist dasselbe Objekt wie der Präsident der Vereinigten Staaten im Jahr 1982, somit ist nach Frege die Bedeutung des Ausdrucks 'Ronald Reagan' identisch mit der Bedeutung des Ausdrucks 'der Präsident der Vereinigten Staaten im Jahr 1982'. Aber wenn wir auf jemanden Bezug nehmen, indem wir den Ausdruck 'Ronald Reagan' gebrauchen, nehmen wir offensichtlich auf eine andere Art und Weise auf ihn Bezug, als wenn wir den Ausdruck 'der Präsident der Vereinigten Staaten im Jahr 1982' gebrauchen, und da die jeweilige Art der Bezeichnung oder Benennung des fraglichen Objektes auch in unsere Sätze eingeht und von ihnen ausgedrückt wird, drückt etwa (29) etwas anderes als (31) aus.

Fassen wir zusammen: Ein Identitätssatz der Form (28) besagt etwas anderes als ein Identitätssatz der Form (30), sofern die in ihnen vorkommenden Eigennamen *a* und *b* verschiedenen Sinn haben – gleichgültig, ob *a* und *b* dieselbe Bedeutung haben oder nicht.

4.3.2 Über Eigennamen ohne Bedeutung

Wie ist es nun, wenn der Eigenname *a* keine Bedeutung hat? Ist er dann nicht sinnlos? Nicht notwendigerweise. Er kann – so Frege – einen Sinn haben, das heißt, er kann ein Objekt auf eine gewisse Art und Weise zu benennen versuchen, wenn auch vergeblich. 'Das runde Quadrat' etwa hat einen Sinn: Wir wissen, was seine Bedeutung sein soll. Sie soll ein Objekt sein, daß sowohl rund als auch viereckig ist. Aber wir wissen auch, daß es kein solches Objekt gibt, ja nicht einmal geben kann.

Wie ist aber der Wahrheitswert von Sätzen zu bestimmen, in denen Eigennamen, die keine Bedeutung haben, vorkommen? Die Beantwortung dieser Frage ist offenkundig wichtig für die Behandlung des Problems des ausgeschlossenen Dritten. Um Freges Antwort zu verstehen, müssen wir ein wenig ausholen.

Frege war nicht nur ein Sprachphilosoph, es interessierte ihn nicht nur die Umgangssprache. Er war auch ein Logiker und ein Philosoph der Mathematik. In beiden Bereichen hat er Bedeutendes geleistet. Einerseits war er der Gründer der gegenwärtigen Logik, anderseits war er auch der Gründer des sogenannten Programms des Logizismus, also des Versuches zu beweisen, daß die ganze Arithmetik nichts anderes als Logik ist. In beiden Bereichen war das vielleicht wichtigste Instrument Freges der Aufbau einer künstlichen Sprache, in der sowohl die Logik als auch die Mathematik klar und präzise ausgedrückt werden konnten. Diese künstliche Sprache ist natürlich ein technisches Instrument, sie ist für einen bestimmten Zweck entwickelt, also dürfen wir nicht erwarten, daß sie eine intuitive und plausible Behandlung von Problemen erlaubt, die mit diesem Zweck wenig oder nichts zu tun haben. Im Gegenteil haben wir folgendes zu erwarten: Wenn ein Problem mit dem Zweck der Sprache nicht viel zu tun hat, wollte Frege dieses Problem nicht wirklich lösen, sondern ausschalten. Und das ist es, was in Freges künstlicher Sprache mit dem Problem vom ausgeschlossenen Dritten und allgemein mit dem Problem der leeren singulären Terme geschehen ist.

Die leeren singulären Terme sind nicht sonderlich wichtig in der Mathematik. Es gibt zwar einige solche Terme in der Mathematik (zum Beispiel '5/0'), aber die Mathematiker kümmern sich nicht weiter um diese Terme und neutralisieren sie üblicherweise einfach dadurch, daß sie festlegen, jeder dieser Terme möge die Zahl 0 bezeichnen. Das bedeutet allerdings, daß diese Terme dann nicht mehr leer sind, und das ist natürlich kontraintuitiv. Wir glauben ja zum Beispiel, daß

(32) Es gibt keine Zahl, die identisch mit 5/0 ist.

wahr ist, aber nach der Entscheidung der Mathematiker gibt es eine solche Zahl, nämlich 0, und dann existiert 5/0. Die Mathematiker wollen jedoch nicht unsere Intuitionen widerspiegeln. Sie wollen eine einfache künstliche Sprache aufbauen, um darin Mathematik zu betreiben, und die fragliche Entscheidung ist wahrscheinlich die einfachste Art, Terme wie '5/0' zu behandeln.

In seiner künstlichen Sprache tut Frege Ähnliches. Er schreibt in "Über Sinn und Bedeutung": "Nun haben die Sprachen den Mangel, daß in ihnen Ausdrücke möglich sind, welche nach ihrer grammatischen Form bestimmt erscheinen, einen Gegenstand zu bezeichnen, diese ihre Bestimmung aber in besonderen Fällen nicht erreichen, weil das von der Wahrheit eines Satzes abhängt." (Seite 41) So hängt es beispielsweise von der Wahrheit des Satzes

(33) Es gab eine Person, welche die elliptische Gestalt der Planetenbahnen entdeckte.

ab, ob die Kennzeichnung

(34) der Entdecker der elliptischen Gestalt der Planetenbahnen

wirklich einen Gegenstand bezeichnet oder nur den Schein davon erweckt und tatsächlich ohne Referenz ist.

Um den im Zitat angesprochenen *Mangel* der Umgangssprache zu reparieren, macht Frege in seiner künstlichen Sprache folgendes. Da sie eine Mengenlehre enthält, entscheidet er, daß eine Kennzeichnung (der P) genau dann dasjenige Objekt bezeichnen soll, das P ist, wenn es mindestens und höchstens ein solches Objekt gibt (in unserer früheren Terminologie: wenn (der P) eine richtige Kennzeichnung ist). Wenn jedoch (der P) eine unrichtige Kennzeichnung ist, dann soll sie die Menge aller Objekte bezeichnen, die P sind. Wenn es keine solchen Objekte gibt, daß heißt, wenn die Kennzeichnung (der P) leer ist, dann bezeichnet sie somit die leere Menge; und wenn sie mehrdeutig ist, dann bezeichnet sie somit eine Menge, die mindestens zwei Elemente hat. Etwa bezeichnet die Kennzeichnung 'der Präsident der Vereinigten Staaten im Jahr 1982' das Objekt Ronald Reagan; bezeichnet 'der Senator der Vereinigten Staaten im Jahr 1982' die Menge der Senatoren der Vereinigten Staaten im Jahr 1982, also eine Menge von ca. 100 Personen; und bezeichnet 'der König der Vereinigten Staaten im Jahr 1982' die Menge aller Personen, die im Jahr 1982 ein König der Vereinigten Staaten sind, also die leere Menge. (Gesetzt den Fall, daß Frege glaubte, Eigennamen wie 'Ronald Reagan' oder 'Pegasus' seien synonym mit Kennzeichnungen, dann lassen sich die obigen Bemerkungen auf alle singulären Terme ausdehnen; insbesondere bezeichnen dann alle leeren singulären Terme die leere Menge.)

Es wird nützlich sein, einige Konsequenzen von Freges Theorie zu betrachten. Erstens sind alle Identitätssätze, die zwei leere Kennzeichnungen enthalten, wahr. Etwa ist

(35) Das fliegende Pferd = das runde Quadrat.

wahr. Zweitens sind die meisten Identitätssätze, die zwei mehrdeutige Kennzeichnungen enthalten, falsch. Beispielsweise ist

(36) Der Senator der Vereinigten Staaten im Jahr 1982 = der Bürger der Vereinigten Staaten im Jahr 1982.

falsch. Drittens sind alle die Identitätssätze, die eine leere und eine mehrdeutige Kennzeichnung enthalten, falsch. Zum Beispiel ist

(37) Das fliegende Pferd = der Senator der Vereinigten Staaten im Jahr 1982.

falsch. Viertens sind einige Identitätssätze, die eine leere und eine richtige Kennzeichnung enthalten, wahr. Etwa ist

(38) Das fliegende Pferd = die leere Menge.

wahr. Und fünftens sind einige Identitätssätze, die eine mehrdeutige und eine richtige Kennzeichnung enthalten, wahr. Beispielsweise ist

(39) Der Senator der Vereinigten Staaten im Jahr 1982 = die Menge aller Personen, die im Jahr 1982 ein Senator der Vereinigten Staaten sind.

wahr.

Daß (35), (38) und (39) wahr sein sollen, ist zwar mindestens ebenso kontraintuitiv wie, daß (32) falsch sein soll, aber es war nicht Freges Sorge, durch seine Entscheidung bezüglich unrichtiger Kennzeichnungen alle unsere einschlägigen Intuitionen wiederzuspiegeln, so wie es nicht Sorge der Mathematiker ist, durch ihre Entscheidung bezüglich leerer singulärer Terme allen unseren Intuitionen gerecht zu werden.

Im folgenden Abschnitt werden wir uns Carnaps Variante der Fregeschen Theorie zuwenden. Diese Variante vermeidet einige der seltsamen Konsequenzen aus Freges Theorie, hat aber, wie wir sehen werden, ihre eigenen Seltsamkeiten.

4.3.3 Carnaps Variante

In seinem 1947 erschienenen Buch *Meaning and Necessity* akzeptierte Rudolf Carnap die Essenz von Freges Behandlung der unrichtigen Kennzeichnungen, aber er glaubte, eine einfachere Methode vorschlagen zu können, unrichtigen Kennzeichnungen eine Referenz zuzuweisen. Sein Vorschlag war, ein einzelnes Objekt auszuwählen und dann festzulegen, daß alle unrichtigen Kennzeichnungen (und wohl auch alle leeren singulären Terme) dieses Objekt vereinbarungsgemäß bezeichnen. Dieser Vorschlag wird bisweilen 'die Frege-Carnap-Theorie' oder 'die Theorie des ausgewählten Objektes' genannt. Nach Carnap hängt unsere Wahl des ausgewählten Objektes von unserer Sprache ab. Wenn wir etwa die Sprache der Arithmetik benutzen, ist es natürlich, die Zahl 0 als ausgewähltes Objekt zu haben. Wenn wir die Sprache der Mengenlehre verwenden, ist es natürlich, die leere Menge als ausgewähltes Objekt zu nehmen. Und wenn wir über konkrete Dinge sprechen, können wir eine natürlich anmutende Wahl, wie folgt, treffen. Nehmen wir an, daß ein konkretes (d.h. raum-zeitliches) Ding eine Menge von raum-zeitlichen Punkten ist. Zum Beispiel ist das konkrete Objekt Ermanno die Menge aller raum-zeitlichen Punkte, die Ermanno in seinem ganzen Leben enthält. Dann können wir festlegen, daß das ausgewählte Objekt das Null-Ding oder das leere Gebiet ist, d.h. die Menge, die keinen raum-zeitlichen Punkt enthält (welche Menge natürlich keine andere als die leere Menge ist).

Es sollte klar sein, was die Gemeinsamkeit zwischen Freges und Carnaps Position ist. Nach Frege wie auch Carnap bezeichnen alle leeren singulären Terme dasselbe Objekt. Für Frege ist dieses Objekt immer die leere Menge, während es nach Carnap je nach verwendeter Sprache ein jeweils verschiedenes Objekt sein kann. Doch die Grundidee ist bei beiden dieselbe. Was allerdings die mehrdeutigen Kennzeichnungen anlangt, so sind Freges und Carnaps Positionen ungleich.

Carnap nämlich legt fest, daß alle mehrdeutigen Kennzeichnungen ebenfalls das ausgewählte Objekt bezeichnen sollen. So sind nach ihm die Sätze (36) und (37) wahr, während sie nach Frege falsch sind. Allgemein gilt: Nach Carnap sind Identitätssätze, die zwei mehrdeutige Kennzeichnungen enthalten, ausnahmslos wahr, nach Frege sind sie gewöhnlich falsch. (Etwa ist (36) in Freges Theorie falsch, aber ein Sonderfall wie

(40) Das gleichwinkelige Dreieck = das gleichseitige Dreieck.

wahr.) Weiter sind nach Carnap Identitätssätze, die eine mehrdeutige und eine leere Kennzeichnung enthalten, ausnahmslos wahr, während sie nach Frege ausnahmslos falsch sind: Mehrdeutige Kennzeichnungen bezeichnen ja nach ihm stets eine nicht leere Menge. Schließlich sind nach Carnap alle Identitätssätze, die eine mehrdeutige und eine richtige Kennzeichnung enthalten, falsch, sofern die richtige Kennzeichnung nicht das ausgewählte Objekt bezeichnet, während sie nach Frege wahr sein können. Zum Beispiel ist (39) nach Carnap falsch, nach Frege dagegen wahr.

4.4 Frege und Carnap zum Problem des ausgeschlossenen Dritten

4.4.1 Ihr Lösungsvorschlag

Ist

(41) Pegasus ist weiß.

wahr oder falsch? Wenn wir Frege folgen, dann ist die konventionelle, also auf Grund einer Vereinbarung zustandegekommene Referenz des Ausdrucks 'Pegasus' die leere Menge; wenn wir Carnap folgen, dann ist sie das ausgewählte Objekt, in diesem Fall wahrscheinlich das leere Gebiet. Aber offenbar sind weder die leere Menge noch das leere Gebiet weiß, also ist (41) sowohl nach Frege als auch nach Carnap falsch. Damit ist aber

(42) Pegasus ist nicht weiß.

wahr. Also ist die Disjunktion von (41) und (42) wahr und somit das Gesetz vom ausgeschlossenen Dritten nicht verletzt.

Freges und Carnaps Lösungsvorschlag für das Problem des ausgeschlossenen Dritten ist - allgemeiner formuliert - folgender. Ein Satz der Form

(43) *a* ist *P*.

ist immer entweder wahr oder falsch. Wenn der Eigenname *a* eine natürliche Referenz hat, dann ist ein Satz der Form (43) genau dann wahr, wenn diese natürliche Referenz die Eigenschaft *P* hat, und sonst ist er falsch. Wenn anderseits *a* keine natürliche Referenz hat, dann hat *a* eine Referenz gemäß Vereinbarung, eine konventionelle Referenz, und ein Satz der Form (43) ist genau dann wahr, wenn diese konventionelle Referenz die Eigenschaft *P* hat, und sonst ist er falsch. (41) ist falsch, weil die konventionelle Referenz von 'Pegasus' nicht weiß ist und aus eben diesem Grund ist (42) wahr. Das Problem mit den leeren singulären Termen ist ausgeschaltet, indem leere singuläre Terme einfach durch Beschluß zu nicht leeren gemacht worden sind.

4.4.2 Seine Bewertung

Wenn wir diesen Lösungsvorschlag für das Problem des ausgeschlossenen Dritten und allgemein diese Position bezüglich leerer singulärer Terme bewerten wollen, dann müssen wir uns zuallererst des Zweckes erinnern, für den sie entwickelt worden ist. Wie schon in 4.3.2 erwähnt, ist es nicht der Fall, daß eine intuitive oder natürliche Behandlung der leeren singulären Terme angestrebt war. Frege und Carnap interessierten sich nicht besonders für diese Terme, sie wollten eine einfache technische Sprache aufbauen, um Logik oder Mathematik oder Physik darin formulieren zu können, und die einfachste Art, mit leeren singulären Termen umzugehen, war und ist, sie zu eliminieren. Wenn wir also im folgenden anmerken werden, daß die Positionen Freges und Carnaps unnatürlich anmutende Folgen haben, ist dies keine Kritik an Frege und Carnap als Logiker. Frege und Carnap waren sich sehr klar über den Zweck, den sie mit ihren Theorien erreichen wollten, und sie haben wahrscheinlich mit ihnen den besten Weg gewählt, um diesen Zweck zu erreichen. Doch daß ihre Positionen teilweise sehr seltsame Konsequenzen haben, erlaubt uns mindestens zu sagen, daß diese Positionen für die Behandlung leerer singulärer Terme und mehrdeutiger Kennzeichnungen in der Umgangssprache nichts bringen, wenn sie auch für eine ökonomische Behandlung von leeren singulären Termen und mehrdeutigen Kennzeichnungen in künstlichen Sprachen taugen mögen.

Führen wir uns nun in systematischer Weise die merkwürdigen, ja teilweise absurden Konsequenzen vor Augen, die aus einer Anwendung von Freges Theorie und ihrer Carnapschen Variante auf natürliche Sprachen resultieren. Es lassen sich drei Arten solcher Konsequenzen unterscheiden, je nachdem auf welche Arten von Sätzen wir die Theorie und ihre Variante anwenden: Existenzsätze, Identitätssätze und prädikative Aussagesätze.

Als erstes zu den Existenzsätzen. Wir glauben, daß 'Pegasus' und 'das runde Quadrat' leere singuläre Terme sind und halten folglich Existenzsätze wie

(44) Pegasus existiert.

(45) Das runde Quadrat existiert.

für falsch. Aber sowohl nach Frege als auch nach Carnap sind diese Sätze wahr.

Allgemein gilt: Jeder Satz der Form (*a* existiert) kommt in Freges und in Carnaps Theorie als wahr heraus, weil ja, wenn der Term *a* keine natürliche Referenz hat, er eine konventionelle hat.

Als zweites zu den Identitätssätzen. Frege und Carnap müssen Identitätssätze wie zum Beispiel (38) und (35) als wahr anerkennen, denn nach Frege bezeichnen alle leeren Kennzeichnungen die leere Menge und gemäß Carnap bezeichnen innerhalb der Sprache der konkreten Dinge, die für diese Beispiele relevant ist, alle leeren Kennzeichnungen das leere Gebiet, also auch die leere Menge (vgl. 4.3.3). Darüberhinaus muß Carnap, nicht jedoch Frege, Identitätssätze wie (37) oder auch diese

(46) Der Senator der Vereinigten Staaten im Jahr 1982 = die leere Menge.

(47) Der Bürger der Vereinigten Staaten im Jahr 1982 = das runde Quadrat.

als wahr zugeben, weil ja bei Carnap nicht nur die leeren, sondern auch die mehrdeutigen Kennzeichnungen das ausgewählte Objekt bezeichnen. (Das ausgewählte Objekt ist die leere Menge innerhalb der hier relevanten Sprache.)

Als drittes zu den prädikativen Aussagesätzen. Sowohl nach Frege als auch nach Carnap sind

(48) Das fliegende Pferd ist ein Pferd.

(49) Das runde Quadrat ist rund.

falsch, weil leere Kennzeichnungen das ausgewählte Objekt bezeichnen und dieses - sei es nun die leere Menge, das leere Gebiet oder die Zahl 0 - weder ein Pferd noch rund ist. Man bedenke, daß somit nach Frege und Carnap gilt: Das fliegende Pferd existiert, aber es ist kein Pferd; das runde Quadrat existiert, aber es ist nicht rund.

Weiter sind auch folgende einfache Prädikationen wie

(50) Der Senator der Vereinigten Staaten im Jahr 1982 ist ein Senator.

(51) Der Präsident der Vereinigten Staaten im Jahr 1981 ist ein Präsident.

sowohl nach Frege als auch nach Carnap falsch. Nach Frege, weil die Menge, die aus allen Senatoren der Vereinigten Staaten im Jahr 1982 besteht, nicht selber ein Senator ist und weil die Menge, die aus den beiden Elementen Jimmy Carter und Ronald Reagan besteht, nicht selber ein Präsident ist; nach Carnap, weil das leere Gebiet weder ein Senator noch ein Präsident ist.

Anderseits sind prädikative Aussagesätze wie die folgenden, die zweifellos seltsam anmuten, bei Frege oder Carnap oder beiden wahr:

(52) Das fliegende Pferd ist eine Menge.

(53) Das runde Quadrat ist leer.

(54) Pegasus hat keine Elemente.

(55) Der Senator der Vereinigten Staaten im Jahr 1982 hat ca. 100 Elemente.

(56) Ted Kennedy gehört zum Senator der Vereinigten Staaten im Jahr 1982.

(57) Der Bürger der Vereinigten Staaten im Jahr 1982 ist eine echte Obermenge von Pegasus.

4.5 Frege zum Problem der indirekten Kontexte

4.5.1 Der Lösungsvorschlag

Um Freges Lösungsvorschlag für dieses Problem zu entwickeln, beginnen wir vielleicht am besten mit einem Beispiel. Sehen wir uns dieses Argument an:

(58)
(a) Aristoteles = der Lehrer Alexanders des Großen.
(b) Aristoteles hat Jacqueline Kennedy geheiratet.
(c) Also hat der Lehrer Alexanders des Großen Jacqueline Kennedy geheiratet.

In diesem Argument sind die zwei Prämissen wahr. Es ist wahr, daß der griechische Philosoph Aristoteles der Lehrer von Alexander dem Großen war, und es ist wahr, daß der griechische Reeder Aristoteles, d.h. Aristoteles Onassis, Jacqueline Kennedy geheiratet hat. Die Konklusion aber ist falsch. Der Lehrer

Alexanders des Großen hatte nicht einmal das Vergnügen, Jacqueline Kennedy kennenzulernen, geschweige denn, sie zu heiraten.

Was stimmt mit dem Argument (58) nicht?

Die Antwort liegt auf der Hand. Wir haben in (58) den singulären Term 'Aristoteles' zweideutig gebraucht. In der ersten Prämisse bezeichnet 'Aristoteles' ein bestimmtes Objekt, nämlich einen griechischen Philosophen des vierten Jahrhunderts vor Christus, in der zweiten ein davon verschiedenes Objekt, nämlich einen griechischen Reeder des zwanzigsten Jahrhunderts nach Christus. Nun ist aber der einzige Grund dafür, daß wir einen singulären Term b für einen singulären Term a substituieren dürfen, wenn $(a = b)$ wahr ist, nach allgemeiner Auffassung der, daß a und b dasselbe Objekt bezeichnen. Da die erste Prämisse von (58) wahr ist, bezeichnet der in ihr vorkommende Ausdruck 'Aristoteles' (schreiben wir ihn deutlichkeitshalber als 'Aristoteles 1' an) sicher dasselbe Objekt wie der Ausdruck 'der Lehrer Alexanders des Großen'. Da wir aber auch die zweite Prämisse von (58) als wahr ansehen, muß der in ihr vorkommende Ausdruck 'Aristoteles' (schreiben wir ihn deutlichkeitshalber als 'Aristoteles 2' an) ein Objekt bezeichnen, das sicher von dem verschieden ist, das durch 'Aristoteles 1' bezeichnet wird. Also bezeichnet 'Aristoteles 2' ein anderes Objekt als 'der Lehrer Alexanders des Großen' und somit hätte (58c) nicht durch Substitution von 'der Lehrer Alexanders des Großen' für 'Aristoteles 2' in (58b) gewonnen werden dürfen.

Natürlich könnten wir auch voraussetzen, daß 'Aristoteles' in beiden Prämissen dasselbe Objekt bezeichnet, und dann haben wir eine Wahl: Entweder bezeichnet er jedesmal den griechischen Philosophen oder er bezeichnet jedesmal den griechischen Reeder. Unter dieser Voraussetzung ist zwar nun Argument (58) logisch korrekt, aber dafür ist jetzt - welche Wahl wir auch getroffen haben - immer eine der zwei Prämissen von (58) falsch. Denn wenn sowohl 'Aristoteles 1' als auch 'Aristoteles 2' den griechischen Philosophen bezeichnen, ist die zweite Prämisse falsch; und wenn sowohl 'Aristoteles 1' als auch 'Aristoteles 2' den griechischen Reeder bezeichnen, ist die erste Prämisse falsch. Somit haben wir jetzt zwar nicht mehr das Problem, daß aus wahren Prämissen durch Anwendung eines offenbar korrekten Schlußprinzips eine falsche Konklusion folgt; aber wir befinden uns nun in einem Dilemma: Entweder bezeichnen 'Aristoteles 1' und 'Aristoteles 2' dasselbe Objekt und dann sind die zwei Prämissen nicht beide wahr, oder sie bezeichnen voneinander verschiedene Objekte und dann scheint das Schlußprinzip, gemäß dem in (58) der Satz (c) aus (a) und (b) ableitbar ist, unkorrekt zu sein.

Unsere Behandlungsweise des Argumentes (58) deutet eine allgemeine Strategie für den Umgang mit Argumenten an, welche dieselbe Form wie (58) haben. Wenn wir ein Argument der Form

(59)
a = *b*
A
Also *B*

vorfinden, in dem *B* das Ergebnis der Substitution von *b* für *a* in *A* ist und sowohl (*a* = *b*) als auch *A* wahr sind, *B* aber falsch ist, dann nehmen wir an, daß der singuläre Term *a* oder *b* oder vielleicht beide mehrdeutig sind und daß der eine oder der andere oder vielleicht beide nicht an allen Stellen, an denen sie im Argument vorkommen, zur Bezeichnung jeweils desselben Objekts gebraucht worden sind. Da zum Beispiel

(60)
(a) Der Autor von "Waverley" = Scott.
(b) George IV wollte wissen, ob Scott der Autor von "Waverley" ist.
(c) Also wollte George IV wissen, ob Scott Scott ist.

ein solches Argument ist, das heißt, da wir glauben, daß (a) und (b) wahr sind, aber (c) falsch ist, nehmen wir an, daß 'Scott' oder 'der Autor von "Waverley"' oder vielleicht beide Ausdrücke in (60) mehrdeutig sind.

Diese Annahme ist der erste Schritt in Freges Lösungsversuch des Problems der indirekten Kontexte. Frege glaubte nämlich, daß ein singulärer Term, der in einem indirekten Zusammenhang vorkommt (das heißt, in Kontexten wie etwa 'Peter glaubt, daß Otto wissen will, ob ... ', 'es ist notwendig, daß ...' u.s.w.) dort nicht das Objekt bezeichnet, das er normalerweise bezeichnet. In Freges Terminologie: Die Bedeutung eines Terms in einem indirekten Zusammenhang ist nicht seine normale, direkte Bedeutung, sondern eine davon verschiedene, indirekte Bedeutung. Ein Argument wie (60) ist daher nicht gültig, und zwar aus demselben Grund, aus dem Argument (58) unkorrekt ist.

Der zweite Lösungsschritt Freges bestand in der Aufstellung der folgenden These: Ein singulärer Term bezeichnet in allen indirekten Zusammenhängen, in denen er vorkommt, stets dasselbe Objekt. Beispielsweise hat der Eigenname 'Aristoteles' dieselbe Bedeutung in Sätzen wie den folgenden drei:

(61) George IV wollte wissen, ob Aristoteles der Lehrer von Alexander dem Großen war.

(62) Es ist unwahrscheinlich, daß Aristoteles mehrmals verheiratet war.

(63) Es ist möglich, daß George IV wissen wollte, ob Aristoteles der Lehrer von Alexander dem Großen war.

Wir halten fest: Gemäß zweitem Lösungsschritt bezeichnet 'Aristoteles' in (61), (62) und (63) stets dasselbe Objekt, und dieses Objekt ist gemäß erstem Lösungsschritt verschieden von dem, das 'Aristoteles' normalerweise bezeichnet, ist also etwa verschieden von der Person, die durch 'Aristoteles' in (58a) oder in (58b) bezeichnet wird. Und gemäß zweitem Lösungsschritt bezeichnet 'Scott' in (60b) und (60c) dasselbe Objekt, und dieses Objekt ist von dem verschieden, das 'Scott' in (60a) bezeichnet, ist also verschieden vom Autor von "Waverley".

Die Frage liegt nahe, welcher Art die Objekte sind, die ein singulärer Term in indirekten Kontexten bezeichnet. Was also ist die indirekte Bedeutung eines singulären Terms, was unterscheidet sie von seiner direkten oder normalen Bedeutung? In der Beantwortung dieser Frage besteht der dritte und letzte Lösungsschritt. Freges Antwort: Die indirekte Bedeutung eines singulären Terms ist sein gewöhnlicher *Sinn*.

Versuchen wir, diese Antwort recht zu verstehen. In einem Satz wie zum Beispiel

(64) Der Präsident der Vereinigten Staaten im Jahr 1982 ist alt.

hat der singuläre Term 'der Präsident der Vereinigten Staaten im Jahr 1982' einen Sinn und eine Bedeutung. Die Bedeutung ist das Objekt Ronald Reagan, der Sinn ist die Art, wie dieses Objekt bezeichnet oder angegeben wird, daß heißt in diesem Fall mittels eines Hinweises auf die Ronald Reagan charakterisierende Eigenschaft, ein Präsident der Vereinigten Staaten im Jahr 1982 zu sein. Auch im Satz

(65) Peter glaubt, daß der Präsident der Vereinigten Staaten im Jahr 1982 alt ist.

hat 'der Präsident der Vereinigten Staaten im Jahr 1982' einen Sinn und eine Bedeutung. Der Sinn ist hier nicht wichtig. Frege sagt auch wenig über ihn. Die Bedeutung aber ist nicht dieselbe wie die im Satz (64), sie ist nicht das Objekt Ronald Reagan. Sie ist vielmehr identisch mit dem Sinn, den der Ausdruck 'der Präsident der Vereinigten Staaten im Jahr 1982' im Satz (64) hat; das heißt, im Satz (65) bezeichnet der Ausdruck 'der Präsident der Vereinigten Staaten im

Jahr 1982' nicht Ronald Reagan, sondern die Art und Weise, in der Ronald Reagan in (64) bezeichnet wird.

Fassen wir den Lösungsvorschlag Freges für das Problem der indirekten Kontexte zusammen. Erstens haben singuläre Terme in indirekten Zusammenhängen nicht ihre gewöhnliche Bedeutung. Zweitens bezeichnen sie in allen indirekten Kontexten dasselbe Objekt. Drittens ist dieses Objekt ihr gewöhnlicher Sinn. Der erste Teil des Fregeschen Lösungsvorschlag ist der entscheidende: Wenn singuläre Terme in indirekten Zusammenhängen tatsächlich - wie Frege postuliert - eine andere Bedeutung haben als in direkten Kontexten, dann kann freilich das Substitutionsprinzip zu keinen befremdlichen Konsequenzen führen. Dieses Schlußprinzip besagt ja, daß sich der Wahrheitswert eines Satzes nicht ändert, wenn man in ihm einen singulären Term durch einen anderen mit *derselben* Bedeutung (oder Referenz) ersetzt. Da nun etwa 'Scott' in (60a) eine andere Bedeutung hat als in (60b), folgt aus der Wahrheit von (60a) nicht, daß 'Scott' und 'der Autor von "Waverley"' dieselbe Bedeutung in (60b) haben. Argumente wie (60) sind keine Gegenbeispiele zum Substitutionsprinzip einfach deshalb, weil sie keine Anwendungsfälle dieses Schlußprinzips sind. Allgemeiner: Nach Frege ist ein Argument der Form (59) kein Anwendungsfall des Substitutionsprinzips, wenn die Prämisse *A* ein indirekter Kontext ist; ist es aber kein Anwendungsfall des Substitutionsprinzips, dann ist es auch kein Gegenbeispiel zu diesem Prinzip. Und da das Problem der indirekten Zusammenhänge nichts anderes ist als das Problem der Gültigkeit des Substitutionsprinzips angesichts der Argumente der gerade beschriebenen Art, ist in Freges Lösungsvorschlag das Problem dadurch gelöst, daß die fraglichen Argumente zwar unkorrekt sind, aber nicht durch Anwendung des Substitutionsprinzips entstanden sind; somit berührt ihre Unkorrektheit die Gültigkeit des Substitutionsprinzips nicht.

4.5.2 Bewertung des Fregeschen Lösungsvorschlags

4.5.2.1 Bewertung des ersten Teils des Lösungsvorschlags

Wir werden zwei Schwierigkeiten besprechen, zu denen Freges Lösungsvorschlag führt. Die erste Schwierigkeit betrifft den ersten Teil des Lösungsvorschlags, d.h. Freges Behauptung, daß singuläre Terme in indirekten Zusammenhängen eine andere Bedeutung als in direkten Kontexten haben. Diese Behauptung dürfte in dieser streng allgemeinen Formulierung falsch sein. Betrachten wir den folgenden Satz

(66) Salzburg ist eine sehr schöne Stadt und ich habe sie sehr gern.

Dieser Satz ist natürlich eine Abkürzung für

(67) Salzburg ist eine sehr schöne Stadt und ich habe Salzburg sehr gern.

Wir können (66) statt (67) schreiben, weil der Ausdruck 'Salzburg' im ersten Teilsatz von (67) schon vorkommt und wir annehmen, daß das zweite Vorkommnis von 'Salzburg' in (67) dasselbe Objekt bezeichnet wie das erste, nämlich die Stadt Salzburg.

Wenn wir jedoch zur Vermutung Anlaß gehabt hätten, daß das zweite Vorkommnis von 'Salzburg' in (67) ein anderes Objekt bezeichnet als das erste Vorkommis von 'Salzburg' in (67), wenn wir beispielsweise anzunehmen geneigt gewesen wären, das zweite Vorkommnis von 'Salzburg' bezeichne nicht die Stadt, sondern das Bundesland Salzburg, dann hätten wir offenkundig (67) nicht durch (66) abkürzen dürfen. So wäre es zum Beispiel auch nicht richtig, wenn wir den Satz

(68) Aristoteles war ein griechischer Philosoph und Aristoteles hat Jacqueline Kennedy geheiratet.

durch den Satz

(69) Aristoteles war ein griechischer Philosoph und er hat Jacqueline Kennedy geheiratet.

abkürzten, weil das erste Vorkommnis von 'Aristoteles' in (68) eine andere Bedeutung hat als das zweite, m.a.W. weil der Ausdruck 'Aristoteles' im Satz (68) zweideutig gebraucht worden ist.

Offenbar gilt: Wir dürfen in einem Satz der Form

(70) *a* ist *P* und *a* ist *Q*.

das zweite Vorkommnis des singulären Terms *a* nur dann durch ein Personalpronomen ersetzen, wenn das zweite Vorkommnis von *a* dasselbe Objekt bezeichnet wie das erste Vorkommnis von *a*.

Aber nun betrachten wir

(71) Salzburg ist eine sehr schöne Stadt, und Peter glaubt, daß ich sie sehr gern habe.

(71) kürzt offensichtlich und korrekterweise den Satz

(72) Salzburg ist eine sehr schöne Stadt und Peter glaubt, daß ich Salzburg sehr gern habe.

ab. Aber nach Frege ist der Ausdruck 'Salzburg' in (72) zweideutig, denn das erste Vorkommnis von 'Salzburg' bezeichnet in (72) eine Stadt, das zweite den Sinn eines Ausdrucks. Also hätte, wenn dies zuträfe, (72) so wenig durch (71) abgekürzt werden dürfen, wie (68) durch (69) hat abgekürzt werden dürfen. Frege kann nicht erklären, wieso wir in (71) ein Fürwort benutzen durften, in (69) nicht. Im Gegenteil, die Tatsache, daß das zweite Vorkommnis von 'Salzburg' in (72) durch 'sie' ersetzt werden durfte, ist offenbar ein guter Grund für die Annahme, daß 'Salzburg' in (72) nicht zweideutig benutzt wird, daß somit der Ausdruck 'Salzburg' im direkten Kontext 'Salzburg ist eine sehr schöne Stadt' dieselbe Bedeutung hat wie im indirekten Kontext 'Peter glaubt, daß ich Salzburg sehr gern habe'.

Unschwer ließen sich Hunderte ähnliche Beispiele konstruieren, welche die Ersetzung eines singulären Terms durch ein Personalpronomen gestatten und damit die Annahme nahelegen, daß im allgemeinen Sprachgebrauch singuläre Terme in indirekten Kontexten ihre gewöhnliche Referenz behalten, daß also Freges Behauptung, singuläre Terme hätten in indirekten Kontexten eine andere Bedeutung als in direkten, nicht mit dem tatsächlichen Gebrauch von singulären Termen übereinstimmt.

4.5.2.2 Bewertung des zweiten Teils des Lösungsvorschlags

Die zweite Schwierigkeit hat mit der zweiten Behauptung Freges zu tun, gemäß der ein singulärer Term in jedem indirekten Kontext, in dem er vorkommt, stets dieselbe Bedeutung hat. Nehmen wir irgendwelche zwei verschiedene Terme a und b her. Wir können uns immer eine Situation vorstellen, in welcher der Satz

(73) Peter glaubt, daß a nicht identisch mit b ist.

wahr ist, aber der Satz

(74) Peter glaubt, daß a nicht identisch mit a ist.

falsch ist. Aber dann kann die indirekte Bedeutung von a nicht identisch sein mit der indirekten Bedeutung von b, und da ja a und b ganz beliebige Terme sind, ist die Konklusion die, daß keine zwei verschiedenen singulären Terme dieselbe indirekte Bedeutung haben.

Nun, diese Konklusion mag als zu stark beurteilt werden. Wenn zum Beispiel Otto glaubt, daß Aristoteles Jacqueline Kennedys zweiter Ehemann war, könnte man doch denken, daß die zwei Terme 'Aristoteles' und 'Jacqueline Kennedys zweiter Ehemann' zumindest in jenen Kontexten gegeneinander austauschbar sein sollten, die von der Wendung 'Otto glaubt, daß' regiert werden. Und von da ist es nur noch ein kurzer Schritt zur Annahme, daß diese Terme dieselbe Bedeutung *in diesen Kontexten* haben. Aber das ist nach Frege unmöglich wegen dem, was in *anderen* Kontexten passiert, wie zum Beispiel in jenem, der durch (73) und (74) illustriert wird. Man ist freilich versucht zu denken, daß das, was in den anderen Kontexten passiert, irrelevant ist, das heißt, daß das, was wir von Peter wissen oder zu wissen glauben, nichts mit der Bedeutung von Termen in Kontexten zu tun haben sollte, in denen Peter nicht erwähnt ist. Doch Freges zweite Behauptung erfordert, daß zwei singuläre Terme dieselbe Bedeutung entweder in allen indirekten Kontexten oder in keinem indirekten Kontext haben; da ja keine zwei verschiedene singuläre Terme dieselbe Bedeutung in allen indirekten Kontexten haben können, haben keine zwei verschiedene singuläre Terme dieselbe Bedeutung in irgendeinem indirekten Kontext. Aber diese Alles-oder-nichts-Position scheint unvernünftig zu sein im Lichte der Unterscheidungen, die wir zu treffen geneigt sind, Unterscheidungen wie etwa jene, die wir oben gemacht haben zwischen Kontexten, die von 'Peter glaubt, daß' regiert werden, und Kontexten, die von 'Otto glaubt, daß' regiert werden.

4.6 Literatur

Für Freges Behandlung der leeren singulären Terme siehe *Grundgesetze der Arithmetik, begriffsschriftlich abgeleitet*, Band I, Jena, Pohle 1893, § 11 (nachgedruckt 1962 in zweiter unveränderter Auflage durch die Wissenschaftliche Buchgesellschaft Darmstadt). Für die Carnapsche Variante siehe *Meaning and Necessity*, Chicago, University of Chicago Press 1947, §§ 7-8 (deutsch: *Bedeutung und Notwendigkeit*, Wien, Springer 1972) sowie den Paragraphen 35 "Kennzeichnungen von Individuen" in Carnaps *Symbolischer Logik*, Wien, Springer 1968. Zu Freges Art, indirekte Kontexte zu handhaben, siehe "Über Sinn und Bedeutung", *Zeitschrift für Philosophie und philosophische Kritik* 100 (1892), pp. 25-50 (wieder abgedruckt unter anderem in *Funktion, Begriff, Bedeutung*, 4. erg. Aufl., herausgegeben von Günther Patzig, Göttingen, Vandenhoeck & Ruprecht 1975).

Die wohl sorgfältigste Formulierung von Freges allgemeiner Theorie über Sinn und Bedeutung ist enthalten in Alonzo Churchs "A Formulation of the Logic of Sense and Denotation", in *Structure, Method, and Meaning: Essays in Honor of Henry M. Sheffer*, herausgegeben von P. Henle et al., New York, Liberal Arts Press 1951, pp. 3-24, und in seinem Aufsatz "Outline of a Revised Formulation of the Logic of Sense and Denotation", *Noûs* 7 (1973), pp. 24-33 und *Noûs* 8 (1974), pp. 135-156. Eine umfassende Behandlung von Freges Sprachphilosophie findet sich in Michael Dummetts Buch *Frege: Philosophy of Language*, 2. Aufl., London, Duckworth 1981, sowie in den Bänden II und III der von Matthias Schirn herausgegebenen *Studien zu Frege*, Stuttgart-Bad Cannstatt, frommann-holzboog 1976.

4.7 Probleme

1. In 4.2 wurde Kants Behauptung, Existenz sei kein Prädikat, erwähnt. Um genau zu sein, sagt Kant im "Beweisgrund zur Demonstration des Daseins Gottes" eigentlich, daß das Dasein kein Prädikat oder keine Determination von irgendeinem Dinge sei, und um noch genauer zu sein, sagt er an anderer und nicht weniger berühmter Stelle (nämlich auf Seite 626 der zweiten Auflage der *Kritik der reinen Vernunft*, wieder abgedruckt in Band III von *Kant's gesammelten Schriften*, herausgegeben von der Königlich Preußischen Akademie der Wissenschaften, Berlin, Reimer 1911), daß das Sein offenbar kein *reales* (sondern ein logisches) Prädikat ist; leider macht er nicht völlig klar, wie die Unterscheidung zwischen logischen und realen Prädikaten zu bewerkstelligen ist. Könnte die Fregesche Position benutzt werden, um diese Unterscheidung klarer zu artikulieren?

2. Freges in 4.3.1 skizziertes Argument zugunsten der Existenz des Sinnes eines singulären Terms basiert auf der Tatsache, daß ein Satz der Form ($a = a$) einen anderen kognitiven Wert hat als ein Satz der Form ($a = b$) - vorausgesetzt, letzterer ist wahr. Aber dieser Unterschied zwischen den beiden Sätzen ist schwierig zu rechtfertigen - so Frege -, wenn man bedenkt, daß beide Sätze über ein und dasselbe Objekt sprechen (nämlich die den Termen a und b gemeinsame Bedeutung oder Referenz) und daß das, was sie über dieses Objekt besagen, jeweils dasselbe ist (nämlich daß es identisch mit sich selbst ist). Könnte man diese Schwierigkeit meistern, indem man stattdessen behauptet, daß die zwei Sätze - sogar wenn beide wahr sind - über *verschiedene* Objekte sprechen?

3. In der Mathematik sprechen die Leute oft von *partiellen Funktionen*, das sind Funktionen, die nicht für alle ihre Argumentwerte definiert sind. Eine n-stellige Funktion f ist somit genau dann eine partielle Funktion, wenn es Argu-

mentwerte $a_1, ..., a_n$ gibt derart, daß $f(a_1, ..., a_n)$ nicht definiert oder - wie wir auch sagen könnten - ohne Referenz ist. Würde die Akzeptierung der Frege-Carnap-Theorie des ausgewählten Objektes es im allgemeinen unmöglich machen, von partiellen Funktionen zu sprechen? Oder würde sie uns einfach zwingen, den Begriff der partiellen Funktion neu zu definieren?

4. In 4.5.1 wurde behauptet, daß nach Frege ein singulärer Term dieselbe indirekte Bedeutung in allen indirekten Kontexten hat. Das scheint angesichts der Tatsache, daß Frege oft von *der* indirekten Bedeutung eines Ausdrucks spricht, zutreffend zu sein. Aber es ist argumentiert worden, daß eine konsistente Ausformulierung des Standpunkts, den Frege bezüglich Sinn und Bedeutung einnimmt und den er ja in seinem eigenen Werk nur skizziert hat, zumindest die folgenden Unterscheidungen erfordern würde. In einem Kontext der Form (Peter glaubt, daß *a* ist *P*) hat der Term *a* eine indirekte Bedeutung ersten Grades, die mit seinem gewöhnlichen Sinn identisch ist, und einen indirekten Sinn ersten Grades, der weder mit dem gewöhnlichen Sinn noch mit der gewöhnlichen Bedeutung von *a* identisch ist. In einem Kontext der Form (Otto glaubt, daß Peter glaubt, daß *a* ist *P*) hat der Term *a* eine indirekte Bedeutung zweiten Grades, die mit seinem indirekten Sinn ersten Grades identisch ist, und einen indirekten Sinn zweiten Grades, der weder mit dem indirekten Sinn ersten Grades, noch mit dem gewöhnlichen Sinn, noch mit der gewöhnlichen Bedeutung von *a* identisch ist. Und so fort. Würde diese Ausarbeitung von Freges Position nicht auch der Kritik ausgesetzt sein, die in 4.5.2.2 gegen seine zweite Behauptung vorgebracht worden ist?

5 Strawson

5.1 Strawsons zentrale These

Die erste Formulierung der Russellschen Theorie der Kennzeichnungen war in einem Aufsatz enthalten, der 1905 in der philosophischen Zeitschrift *Mind* erschien. Der Titel des Aufsatzes war "On Denoting". 1950 erschien in derselben Zeitschrift ein anderer Aufsatz, der sich sehr kritisch mit der Russellschen Theorie befaßte und der die Referenzproblematik von einem neuen Standpunkt aus behandelte. Der Titel des Aufsatzes war "On Referring". Sein Autor, ein junger englischer Philosoph, hieß Peter F. Strawson.

Was war das Neue in Strawsons Behandlung der Referenzproblematik? Bis zu Strawsons Aufsatz galten als die zwei wichtigsten Behandlungen dieser Problematik jene von Russell und Frege-Carnap. Sie waren zwar ganz voneinander verschieden, aber sie hatten eine Gemeinsamkeit: Sowohl Russell als auch Frege und Carnap glaubten, daß eine Kennzeichnung wie (der P) oder ein Eigenname wie *a* genau eine Referenz (Frege-Carnap) oder überhaupt keine Referenz (Russell) in einem absoluten Sinne haben und daß Sätze der Form

(1) (Der P) ist Q.

(2) *a* ist Q.

wahr oder falsch in einem absoluten Sinn sind, nämlich nicht relativiert auf die jeweiligen Umstände ihrer Verwendung. Strawson nun glaubte - und dies ist seine zentrale These -, daß nicht Terme eine Referenz haben, sondern nur ein bestimmter Gebrauch eines singulären Terms eine Referenz haben kann, und daß nicht Sätze wahr oder falsch sind, sondern nur ein bestimmter Gebrauch eines Satzes wahr oder falsch sein kann. Versuchen wir, diese These zu erläutern.

Eine Sprache wie etwa die deutsche enthält viele Wörter. Einige davon sind Namen, einige sind Prädikatausdrücke, einige sind Konnektive u.s.w. Wörter können zusammengestellt werden, und das Ergebnis davon können Sätze sein wie zum Beispiel

(3) Der gegenwärtige König von Frankreich ist weise.

Sätze werden in verschiedenen Situationen von derselben Person oder von verschiedenen Leuten benutzt, um Mitteilungen zu machen, und in verschiedenen Situationen können verschiedene Leute oder kann ein und dieselbe Person mit demselben Satz etwas Verschiedenes meinen. Wenn zum Beispiel jemand den Satz (3) im Jahr 1700 aussprach, meinte er, daß Ludwig XIV weise war; wenn dagegen jemand den Satz (3) im Jahr 1750 niederschrieb, meinte er, daß Ludwig XV weise war.

Auch die Wortzusammenstellung

(4) Ich bin müde.

ist so wie (3) ein deutscher Satz und kann wie (3) in verschiedenen Situationen etwas Verschiedenes ausdrücken. Wenn ich (4) sage, dann meine ich natürlich, daß Ermanno müde ist. Würde dagegen Strawson (4) äußern, würde Strawson mit dieser Äußerung natürlich meinen, daß er - Strawson - müde ist.

Sowohl Russell als auch Frege und Carnap glaubten, daß es die Sätze selber sind, die wahr oder falsch sind, und daß es die singulären Terme selber sind, die eine (oder keine) Referenz haben. Aber wie ist dies möglich - fragt Strawson -, wenn wir etwas Verschiedenes mit demselben Satz oder mit demselben singulären Term meinen können? Es sei doch ganz natürlich zu denken, daß die Referenz des Terms 'der gegenwärtige König von Frankreich' Ludwig XIV war, wenn der Term im Jahr 1700 benutzt wurde, aber daß diese Referenz Ludwig XV war, wenn der Term im Jahr 1750 benutzt wurde. Und es sei doch naheliegend, (3) für wahr zu halten, wenn (3) im Jahr 1700 geäußert wurde, und für falsch, wenn (3) im Jahr 1750 ausgesprochen oder niedergeschrieben wurde, denn nach allgemeiner Auffassung war Ludwig XIV weise, Ludwig XV nicht. Wenn wir also glauben, daß der Term 'der gegenwärtige König von Frankreich', *für sich selbst betrachtet*, eine Referenz hat, was ist diese Referenz? Insbesondere, ist sie Ludwig XIV oder Ludwig XV? Und wenn wir glauben, daß der Satz (3), *für sich selbst betrachtet*, wahr oder falsch ist, was ist er: wahr oder falsch?

Um dies präziser zu machen, unterscheidet Strawson zwischen einem Ausdruck, einem Gebrauch eines Ausdrucks und einer Äußerung eines Ausdrucks sowie in ähnlicher Weise zwischen einem Satz, einem Gebrauch eines Satzes und einer Äußerung eines Satzes.

Zum Beispiel ist der singuläre Term 'der gegenwärtige König von Frankreich' eine sprachliche Entität, ein **Ausdruck**. Ein Ausdruck für sich allein hat keine Referenz, er hat aber eine Bedeutung (im nicht-Fregeschen Sinn), insofern sein Gebrauch geregelt ist. Die **Bedeutung** eines Ausdrucks ist bei Strawson - im Gegensatz zu Frege - nicht identisch mit dem, was er bezeichnet, sondern sie ist identisch mit jener Menge von Regeln, die besagen, wie in einer gewissen Situation dieser Ausdruck benutzt werden muß. Im Fall des Ausdrucks 'der gegenwärtige König von Frankreich' enthält seine Bedeutung etwa die Regel, daß in jeder Situation ein Sprecher diesen Ausdruck nur benutzen darf, um dasjenige Objekt zu bezeichnen, das in der jeweiligen Situation identisch mit dem gegenwärtigen König von Frankreich ist. Und im Fall des Ausdrucks 'ich' enthält seine Bedeutung etwa die Regel, daß in jeder Situation ein Sprecher diesen Ausdruck nur benutzen darf, um sich selbst zu bezeichnen.

Wenn ein Ausdruck zweimal benutzt wird - sei es, daß ihn eine Person zu zwei verschiedenen Zeitpunkten äußert, sei es, daß ihn zwei Personen zum selben Zeitpunkt oder zu verschiedenen Zeitpunkten je einmal äußern -, dann haben wir zwei **Äußerungen** dieses Ausdrucks vorliegen. Nach den Regeln, welche die Bedeutung des Ausdrucks ausmachen, können wir entscheiden, was für eine Referenz diese zwei Äußerungen haben, welches Objekt oder welche Objekte durch sie (nicht durch den Ausdruck selbst!) bezeichnet werden. Wenn beide Äußerungen des Ausdrucks dasselbe Objekt bezeichnen, dann stellen sie denselben Gebrauch dieses Ausdrucks dar oder dann gehören sie zum selben Gebrauch dieses Ausdrucks. Wenn sie verschiedene Objekte bezeichnen, stellen sie einen jeweils verschiedenen Gebrauch des Ausdrucks dar oder gehören sie zu voneinander verschiedenen Gebrauchsweisen des Ausdrucks. ('Gebrauchsweisen' ist hier einfach unser Plural von 'Gebrauch'; den grammatischen Plural von 'Gebrauch', nämlich 'Gebräuche', vermeiden wir, da er ja im Umgangsdeutschen etwas ganz anderes bedeutet, als wir meinen.) Ein **Gebrauch** eines Ausdrucks ist also nicht selber eine Äußerung dieses Ausdrucks, sondern vielmehr die Menge aller jener Äußerungen des Ausdrucks, die dasselbe Objekt bezeichnen. So besteht etwa ein Gebrauch des Ausdrucks 'der gegenwärtige König von Frankreich' aus der Menge aller jener Äußerungen dieses Ausdrucks, mit denen Ludwig XIV gemeint worden ist, und ein anderer Gebrauch desselben Ausdrucks aus der Menge aller jener seiner Äußerungen, die Ludwig XV bezeichnet haben. Wir wollen sagen, daß Ludwig XIV die Referenz des ersteren, Ludwig XV die Referenz des letzteren Gebrauchs des Ausdrucks 'der gegenwärtige König von Frankreich' ist. Allgemein: Die Referenz einer Äußerung eines Ausdrucks ist das Objekt, auf das sich diese Äußerung in der betreffenden Situation bezieht; die Referenz eines Gebrauchs eines Ausdrucks ist das Objekt, das die Referenz aller jener Äußerungen des Ausdrucks ist, die zum betreffenden Gebrauch gehören.

Wir halten fest: Ein Ausdruck selbst hat keine Referenz, Äußerungen eines Ausdrucks und Gebrauchsweisen eines Ausdrucks haben eine Referenz. Zwar haben Ausdrücke keine Referenz, doch haben sie eine Bedeutung im Sinne einer Menge von Benutzungsregeln.

Nehmen wir zum Zweck eines Beispiels an, daß zwei Personen, Peter und Otto, im Jahr 1700 den Ausdruck 'der gegenwärtige König von Frankreich' aussprechen und daß Peter im Jahr 1750 denselben Ausdruck in sein Tagebuch schreibt. Dann haben wir drei verschiedene Äußerungen dieses Ausdrucks vorliegen. Die ersten zwei bezeichnen Ludwig XIV, die Referenz der dritten ist Ludwig XV. Wir ersehen daraus, daß es mindestens zwei Gebrauchsweisen des fraglichen Ausdrucks gibt. Die ersten zwei Male ist er gebraucht worden, um Ludwig XIV zu bezeichnen (Ludwig XIV ist damit die Referenz dieses ersten Gebrauches), das dritte Mal ist er gebraucht worden, um Ludwig XV zu bezeichnen (Ludwig XV ist damit die Referenz dieses letzteren Gebrauches).

Ähnliche Bemerkungen gelten für Sätze. Ein Satz selber ist nicht wahr oder falsch. Ein Satz hat aber eine Bedeutung, insofern ihm eine Menge von Regeln zugeordnet werden kann, die besagen, wie der Satz benutzt werden muß. Zum Beispiel enthält die Bedeutung des Satzes (3) die Regel, daß dieser Satz in jeder Situation nur benutzt werden darf, um auszudrücken, daß das Objekt, das in der jeweiligen Situation der gegenwärtige König von Frankreich ist, weise ist. Und die Bedeutung des Satzes (4) enthält die Regel, daß in jeder Situation ein Sprecher diesen Satz nur benutzen darf, um von sich selbst zu sagen, er sei müde. Wenn ein Satz zweimal ausgesprochen oder hingeschrieben wird - sei es zweimal von derselben Person, sei es je einmal von zwei verschiedenen Personen -, dann haben wir zwei Äußerungen dieses Satzes vorliegen. Diese zwei Äußerungen können dasselbe besagen oder etwas Verschiedenes ausdrücken. Im ersten Fall stellen sie denselben Gebrauch des Satzes dar, im zweiten Fall stellen sie einen jeweils verschiedenen Gebrauch dar. Ein Gebrauch eines Satzes ist die Menge jener Äußerungen des Satzes, die dasselbe besagen. Sind diese Äußerungen wahr, dann vereinbarungsgemäß auch der entsprechende Gebrauch; sind sie falsch, dann auch der Gebrauch, zu dem sie gehören.

Wir halten fest: Ein Satz selbst hat keinen Wahrheitswert, Äußerungen eines Satzes und Gebrauchsweisen eines Satzes haben einen Wahrheitswert. Zwar haben Sätze keinen Wahrheitswert, doch haben sie eine Bedeutung im Sinne einer Menge von Benutzungsregeln.

Nehmen wir wieder zum Zwecke eines Beispiels an, daß Peter und Otto Satz (3) im Jahr 1700 aussprechen und daß Peter (3) im Jahr 1750 in sein Tagebuch schreibt. Dann haben wir drei verschiedene Äußerungen des Satzes (3) vorliegen. Die ersten zwei davon besagen, daß Ludwig XIV weise ist (und sind also vermutlich wahr), die dritte besagt, daß Ludwig XV weise ist (ist also vermutlich falsch). Wir ersehen daraus, daß es mindestens zwei Gebrauchsweisen von (3) gibt. Der erste Gebrauch des Satzes (3) umfaßt alle Äußerungen von (3), durch die Ludwig XIV die Eigenschaft der Weisheit zugeschrieben wird, und dieser Gebrauch des Satzes (3) ist wahr, da es ja die Äußerungen, die zu ihm gehören, sind; der zweite Gebrauch des Satzes (3) umfaßt alle Äußerungen von (3), durch die Ludwig XV die Eigenschaft der Weisheit zugeschrieben wird, und dieser Gebrauch des Satzes (3) ist falsch, da es ja die Äußerungen, die zu ihm gehören, sind.

5.2 Strawson und leere singuläre Terme

Die oben dargelegte Position Strawsons ist eine sehr allgemeine Sichtweise der Referenzproblematik. Dies bedeutet allerdings nicht, daß Strawson für jedes unserer drei Teilprobleme eine Antwort parat hat. In der Tat werden wir sehen, daß er zwar etwas ganz Interessantes zu sagen hat, aber nur in Verbindung mit dem Problem des ausgeschlossenen Dritten. In diesem Sinn ist Strawsons Behandlung der Referenzproblematik nicht mit der Meinongs, Russells oder Freges vergleichbar, da diese ausführlicher als jener sind.

Um ein Verständnis für Strawsons Behandlung des Problems vom ausgeschlossenen Dritten vorzubereiten, müssen wir uns zuerst fragen, wie er's mit den leeren singulären Termen hält. Natürlich würde schon Strawsons Formulierung des Problems verschieden von der Freges oder Russells ausfallen, weil wir gemäß Strawson nicht über leere singuläre Terme, sondern über den "leeren Gebrauch" eines singulären Terms sprechen müßten. Diese Umformulierung bringt aber nichts Neues. Das Problem bleibt dasselbe. Wenn jemend *heute* den Term 'der gegenwärtige König von Frankreich' äußert, was bezeichnet er? Und wenn jemand *heute* den Satz (3) äußert, welchen Wahrheitswert hat diese Äußerung?

Die Antwort auf die erste Frage ist nach Strawson ganz einfach. Wenn jemand heute 'der gegenwärtige König von Frankreich' äußert, dann bezeichnet er überhaupt nichts. Strawson sagt, daß die heutigen Äußerungen dieses Ausdrucks gar keinen eigentlichen Gebrauch dieses Ausdrucks darstellen. Denn der Ausdruck 'der gegenwärtige König von Frankreich' ist ein singulärer Term, und singuläre Terme werden eben benutzt, um Objekte zu bezeichnen. Wenn wir die Bedeutung dieses singulären Terms ansehen, dann stellen wir fest, daß der Term in einer Situation nur für die Bezeichnung jenes Objektes benutzt werden darf, das in dieser Situation tatsächlich der gegenwärtige König von

Frankreich ist. Wenn wir also die Bedeutung dieses Ausdrucks berücksichtigen, dann sehen wir, daß der Term heute die gewöhnliche Aufgabe singulärer Terme nicht erledigen kann, daß jemand, der ihn heute benutzt, gegen die Regeln für seine Benutzung verstößt, ihn nicht richtig gebraucht. Um die Referenz eines unrichtigen oder uneigentlichen Gebrauchs eines Terms brauchen wir uns aber gemäß Strawson nicht weiter zu kümmern, denn ein uneigentlicher Gebrauch eines Terms ist so wenig ein Gebrauch dieses Terms wie ein abgebranntes Haus ein Haus ist.

Kommen wir zur zweiten Frage: Sind die heutigen Äußerungen des Satzes (3) wahr oder falsch? Ist somit der heutige Gebrauch des Satzes (3) wahr oder falsch? Strawsons Antwort auf die zweite Frage ist viel komplizierter als die auf die erste Frage, allerdings auch viel interessanter. Rufen wir uns zunächst Russells Position in Erinnerung, um später im Kontrast dazu Strawsons Position besser zu verstehen.

Nach Russell ist es so: Wenn jemand (3) sagt, schließt das, was er sagt, mit ein, daß der gegenwärtige König von Frankreich existiert, das heißt, daß es genau einen gegenwärtigen König von Frankreich gibt. Nach Russell ist also die Behauptung der Existenz des gegenwärtigen Königs von Frankreich ein Teil unserer durch Satz (3) ausgedrückten Behauptung, so wie etwa die durch Satz

(5) Peter ist Engländer.

ausgedrückte Behauptung ein Teil unserer durch Satz

(6) Peter ist Engländer und Otto ist Deutscher.

ausgedrückten Behauptung ist. Wenn nun die durch (5) ausgedrückte Behauptung falsch ist, dann ist es auch die ganze durch (6) ausgedrückte Behauptung. Ganz ähnlich ist, wenn die durch Satz

(7) Der gegenwärtige König von Frankreich existiert.

ausgedrückte Behauptung falsch ist, die ganze durch (3) ausgedrückte Behauptung falsch.

Nach Strawson ist die Beziehung zwischen (7) und (3) eine ganz andere. Nach ihm ist die durch (7) ausgedrückte Behauptung kein Teil der durch (3) ausgedrückten Behauptung, sondern (7) ist vielmehr ein Satz, dessen Wahrheit vom Satz (3) *vorausgesetzt* wird. Der Begriff einer Voraussetzung oder Präsupposition ist zwar schon von Frege in seinem Aufsatz "Über Sinn und Bedeutung" eingeführt worden, aber erst Strawson definiert diesen Begriff ausdrücklich. Er legte fest:

(8) *A* **setzt** *B* **voraus** genau dann, wenn gilt:
a) wenn *A* wahr ist, dann ist *B* auch wahr, und
b) wenn *A* falsch ist, dann ist *B* wahr.

Also gilt nach Strawson wie nach Russell, daß (7) wahr ist, wenn (3) wahr ist. Aber wenn (7) falsch ist, dann glaubt Russell, daß (3) auch falsch ist, und dies glaubt Strawson nicht, weil nach ihm (7) wahr sein muß, wenn (3) falsch ist. Anders gesagt ist die Wahrheit von (7) nach Strawson nicht bloß eine notwendige Bedingung der Wahrheit von (3); sie ist vielmehr eine notwendige Bedingung dafür, daß (3) entweder wahr oder falsch ist. Wenn (7) falsch ist, dann ist, weil (3) (7) voraussetzt, (3) weder wahr noch falsch. Wir sagen, daß in diesem Fall (3) ohne Wahrheitswert ist.

Um den Begriff der Voraussetzung von einem anderen Standpunkt zu sehen, nehmen wir an, daß ich

(9) Schlafen Ottos Kinder?

frage. Was für Antworten kann ich bekommen? Es gibt drei Möglichkeiten, wenn die antwortende Person informiert ist. Erstens ist es möglich, daß Otto Kinder hat und daß sie schlafen. Dann würde die Antwort ja sein. Zweitens ist es möglich, daß Otto Kinder hat und daß sie nicht schlafen. Dann würde die Antwort nein sein. Aber drittens ist es auch möglich, daß Otto keine Kinder hat, und dann würde die Antwort keine direkte Ja- oder Nein-Antwort sein. Sie würde vielmehr eine korrigierende Antwort sein (z.B. 'Otto hat keine Kinder.'), und eine solche korrigierende Antwort würde andeuten, daß etwas mit der Frage (9) nicht stimmt, daß sie keine richtige Frage ist. (9) setzt die Wahrheit des Satzes

(10) Otto hat Kinder.

voraus. Wenn Satz (10) wahr ist, ergibt die Frage (9) einen Sinn, läßt sie sich direkt beantworten. Wenn Satz (10) falsch ist, ist die Frage (9) nicht richtig gestellt und sie kann nur eine korrigierende, keine direkte Antwort erhalten.

Strawson glaubt, daß es in ähnlicher Weise drei Möglichkeiten hinsichtlich einer Äußerung von (3) gibt. Erstens ist es möglich, daß der gegenwärtige König von Frankreich existiert und daß er weise ist. Dann ist die Äußerung wahr. Zweitens ist es möglich, daß der gegenwärtige König von Frankreich existiert und daß er nicht weise ist. Dann ist die Äußerung falsch. Aber drittens ist es auch möglich, daß der gegenwärtige König von Frankreich nicht existiert, und dann ist die Äußerung nicht richtig und erhält keinen Wahrheitswert.

5.3 Strawson zum Problem des ausgeschlossenen Dritten

Somit ist Strawsons Lösungsvorschlag für das Problem des ausgeschlossenen Dritten der folgende. Wenn Pegasus nicht existiert, dann sind alle Äußerungen von

(11) Pegasus ist weiß.

und

(12) Pegasus ist nicht weiß.

ohne Wahrheitswert und damit ist auch der Gebrauch von (11) und der von (12) weder wahr noch falsch, besser gesagt, es handelt sich überhaupt nicht um einen eigentlichen Gebrauch von (11) und (12), denn wer (11) und (12) benutzt, verstößt gegen die Regeln für die Benutzung von (11) und (12), gemäß denen der sinnvolle Gebrauch von (11) und (12) die Existenz des Pegasus voraussetzt. Somit sagt, wer die Disjunktion von (11) und (12) äußert, nämlich

(13) Pegasus ist weiß oder Pegasus ist nicht weiß.

nichts Wahres und nichts Falsches, seine Äußerung ist ohne Wahrheitswert. Wird also, wenn Pegasus nicht existiert, das Gesetz vom ausgeschlossenen Dritten durch Äußerungen des Satzes (13) verletzt? Nein, wenn es so aufgefaßt wird, daß aus ihm folgt, daß keine Äußerung von (13) falsch ist; ja, wenn es so aufgefaßt wird, daß aus ihm folgt, daß jede Äußerung von (13) wahr ist.

Zwar ist für die klassische Logik (13) entweder wahr oder falsch und nichts sonst, aber für Strawson ist damit nur aufgewiesen, daß die klassische Logik zu eng ist und der Umgangssprache nicht gerecht wird. Erstens glaubt Strawson, daß nicht die Sätze selber, sondern ihre Äußerungen und Gebrauchsweisen einen Wahrheitswert haben - und dies auch nicht immer. Somit hat Satz (13), für sich selbst betrachtet, keinen Wahrheitswert. Zweitens glaubt Strawson, daß der Gebrauch von (13) ein uneigentlicher ist und keinen Wahrheitswert hat, wenn Pegasus nicht existiert. Somit ist zwar für ihn jede Äußerung von (13) nicht falsch, aber - im Gegensatz zur klassischen Logik - folgt daraus keineswegs, daß jede Äußerung von (13) wahr ist. Wir finden in der Umgangssprache Äußerungen wie die des Satzes (13) vor, die weder wahr noch falsch sind, und wir brauchen deshalb für die Behandlung der Umgangssprache mehr als die klassische mathematische Logik, die jedem Satz genau einen Wahrheitswert zuordnet, vielleicht eine (sprach)philosophische Logik, die ohne eine solche Zuordnung auskommt und Voraussetzungsbeziehungen zwischen Sätzen widerspiegeln kann.

Bei Strawson bleiben diese Überlegungen bloß programmatisch. Er sagt uns nichts Konkretes darüber, wie diese andere, philosophische Logik aussieht. Die teilweise Umsetzung des Strawsonschen Programms sollte Philosophen in den 60er und 70er Jahren vorbehalten bleiben.

5.4 Bewertung der Position Strawsons

Wir beginnen mit einer kritischen Bemerkung zu Strawsons Begriff der Voraussetzung und schließen eine kurze Würdigung der problemgeschichtlichen Stellung Strawsons an.

Es scheint, daß alle Sätze der Form

(14) *a* ist *P.*

nach Strawson die Wahrheit von

(15) *a* existiert.

voraussetzen. Folglich ist eine Äußerung eines Satzes der Form (14) ohne Wahrheitswert, wenn eine Äußerung des entsprechenden Satzes der Form (15) falsch ist. Aber ist es nach Strawson überhaupt möglich, daß eine Äußerung eines Satzes der Form (15) falsch ist? Anscheinend nicht. Denn angenommen, eine Äußerung eines Satzes der Form (15) ist falsch. Dann existiert das durch *a* bezeichnete Objekt nicht. Wenn es aber nicht existiert, dann ist sein Gebrauch ein uneigentlicher und jene Äußerung wäre wahrheitswertlos, also nicht falsch. Dies ist seltsam. Wir glauben im Gegenteil, daß (15) falsch ist, wenn *a* nicht existiert; umständlicher: Wir glauben, daß Äußerungen von Sätzen der Form (15) falsch sind, wenn das durch den singulären Term *a* bezeichnete Objekt nicht existiert. Über die Anwendbarkeit der Definition des Voraussetzungsbegriffes auf Sätze der Form (15) bleibt Strawson allerdings stumm.

Ungeachtet ihrer Mangelhaftigkeit und Unvollständigkeit stellt die Strawsonsche Position eine neue und wichtige Sichtweise der Referenzrelation dar. Für Strawson ist die Referenzrelation nicht mehr eine zweistellige Relation zwischen Objekten und Termen, bezeichnet durch

(16) das Objekt o ist die Referenz des singulären Terms a

sondern eine mindestens vierstellige Relation zwischen Situationen, Objekten, Termen und Sprachbenützern, bezeichnet durch

(17) in der Situation s ist das Objekt o die Referenz des singulären Terms a für den Sprecher oder Schreiber p.

Dieses neue Element in Strawsons Position bedeutet aber nicht, daß nicht auch sehr wichtige Ähnlichkeiten zwischen seiner Position und älteren Positionen, etwa der Freges, bestehen. In der Tat stimmen Frege und Strawson im folgenden überein: Wenn eine Kennzeichnung der Form (der P) (in einer gewissen Situation und für einen gewissen Sprecher) eine Referenz hat, dann ist diese Referenz das einzige Objekt, das (in jener Situation und für jenen Sprecher) die besagte Eigenschaft P hat.

Letztlich reduziert sich der Unterschied zwischen Strawson und den traditionellen Positionen auf die folgenden zwei Punkte.

Erstens: Strawson hat sich auf andere Ausdrücke als Frege konzentriert, und zwar auf Kennzeichnungen wie 'der gegenwärtige König von Frankreich', die in verschiedenen Situationen verschiedene Objekte und manchmal überhaupt kein Objekt bezeichnen können. Hätte Strawson sich auf Ausdrücke konzentriert wie 'der Abendstern', die in allen Situationen und für alle Sprecher dasselbe Objekt bezeichnen, d.h. in seiner Terminologie auf Ausdrücke, die immer denselben Gebrauch haben, dann würden die zwei Positionen vom praktischen Standpunkt aus als nicht so weit voneinander entfernt erscheinen.

Zweitens: Es gibt einen Unterschied in der Akzentuierung. Frege entdeckte die Beziehung der (existentiellen) Voraussetzung zwischen Ausdrücken in der natürlichen Sprache, aber betrachtete - wie wir auf Seite 79 gesehen haben - das Vorhandensein einer solchen Beziehung als einen Mangel der natürlichen Sprache und ging bei der Konstruktion seiner künstlichen Sprache daran, diesen Mangel zu beheben. Strawson hingegen rückte diese Beziehung in den Mittelpunkt seines Interesses und machte sie zur Basis einer Attacke gegen die formale Logik selbst.

Das Wichtigste in Strawsons Aufsatz "On Referring" ist die Anregung, die er darin gibt, daß wir nämlich die Referenzrelation nicht abstrakt betrachten dürfen, sondern in Verbindung mit den konkreten Situationen betrachten sollen, in denen konkrete Menschen konkrete Dinge bezeichnen. Möglicherweise entwickelte Strawson selbst diese Anregung nicht gründlich genug, aber später wurde sie von anderen Philosophen aufgenommen und weiterentwickelt. Einen sehr wichtigen Punkt in dieser Entwicklung stellt ein Aufsatz dar, der 1966 in der *Philosophical Review* erschien. Der Titel des Aufsatzes ist "Reference and Definite Descriptions", der Autor Keith Donnellan; ihn wollen wir herausgreifen.

5.5 Literatur

"On Referring" erschien in *Mind* 59 (1950), pp. 320-344 (deutsch: "Bedeuten" in *Sprache und Analysis, Texte zur englischen Philosophie der Gegenwart*, übersetzt und eingeleitet von Rüdiger Bubner, Göttingen, Vandenhoeck und Ruprecht 1968, pp. 63-95.) Für eine weitere Artikulierung von Strawsons Standpunkt zum Verhältnis von Logik und natürlicher Sprache siehe seine *Introduction to Logical Theory*, London, Methuen 1952.

Strawsons allgemeine Behauptung, die formale Logik sei ungeeignet, den gewöhnlichen Gebrauch der Sprache einzufangen, hat zu zwei generellen Entwicklungsrichtungen geführt. Auf der einen Seite haben sich einige Autoren seither darauf konzentriert, Sprech*akte* statt Sprech*inhalte* zu studieren, offenbar in der Annahme, daß sich die formale Logik nur um die Sprechinhalte kümmert; hier ist das wichtigste Werk wahrscheinlich John R. Searles *Speech-Acts*, Cambridge, Cambridge University Press 1969 (deutsch: *Sprechakte. Ein sprachphilosophischer Essay*, Frankfurt, Suhrkamp 1971). Auf der anderen Seite haben einige Logiker Strawsons (implizite) Herausforderung angenommen und alternative Systeme der formalen Logik konstruiert, in denen eine rigorose Darstellung und Erläuterung von (zumindest einigen) kontextualen Elementen, die typisch für natürliche Sprachen sind, geliefert wird. Diese Richtung hat sich zu einem Forschungsgebiet entfaltet, das heute 'formale Pragmatik' genannt wird; siehe dazu beispielsweise Richard Montagues *Formal Philosophy*, herausgegeben von Richmond H. Thomason, New Haven und London, Yale University Press 1974. Eine streng formale Explikation von Strawsons Begriff der (existentiellen) Voraussetzung hat Bas van Fraassen in seinem Aufsatz "Presupposition, Implication, and Self-Reference", im *Journal of Philosophy* 69 (1968), pp. 136-152 gegeben.

5.6 Probleme

1. Ein Ausdruck, der sich explizit auf den Kontext bezieht, in dem er geäußert wird, wird üblicherweise 'indexikalisch' genannt. Typische indexikalische Ausdrücke sind 'ich', 'hier', 'jetzt'. Alle Beispiele, die Strawson zur Stützung seiner These anführt, daß es verschiedene *Gebrauchsweisen* desselben Terms oder Satzes geben kann, enthalten indexikalische Ausdrücke: So ist etwa 'gegenwärtig' in 'der gegenwärtige König von Frankreich' ein indexikalischer Ausdruck. Doch lassen sich indexikalische Ausdrücke oft zugunsten nicht-indexikalischer Ausdrücke eliminieren; zum Beispiel könnte ich das, was ich durch 'Ich bin müde' ausdrücke, auch durch 'Ermanno ist müde' ausdrücken. Glauben Sie, daß diese Ersetzung immer möglich ist? Und falls Sie das glauben, welche Konsequenzen für Strawsons Position können Sie sich vorstellen?

2. Strawson scheint zu glauben, daß die Referenz einer Äußerung eines singulären Terms oder der Wahrheitswert einer Äußerung eines Satzes nicht von den Überzeugungen jener Person abhängt, welche diese Äußerungen gemacht hat. Stimmen Sie ihm zu? Und falls nicht, wie würden Sie vorgehen, um Strawsons Position neu zu formulieren?

3. Strawsons Behauptung, daß (a ist P) im allgemeinen (a existiert) voraussetzt, könnte folgendermaßen gerechtfertigt werden. Um zu entscheiden, ob die Referenz von a ein P ist oder nicht - und somit, ob (a ist P) wahr oder falsch ist -, muß ich diese Referenz finden, und ich kann das nicht, wenn sie nicht existiert. Aber betrachten Sie den Fall eines Satzes der Form (a ist P oder nicht-P). Muß ich die Referenz von a finden - oder überhaupt "auf die Welt blicken" -, um zu entscheiden, ob *dieser* Satz wahr oder falsch ist? Und wenn nicht, hat das irgendwelche Konsequenzen für den Begriff der Voraussetzung?

6 Donnellan

6.1 Donnellans Position

Der erste Punkt, den Donnellan macht, ist folgender: Es gibt zwei verschiedene Arten des Gebrauchs einer Kennzeichnung (der *P*) in einem Satz etwa der Form

(1) Der P ist Q.

Den ersten Gebrauch nennt Donnellan den 'attributiven Gebrauch' und er glaubt, daß Russells Theorie der Kennzeichnungen eine gute Behandlung dieses Gebrauchs darstellen mag. Den zweiten Gebrauch nennt Donnellan den 'referentiellen Gebrauch' und er glaubt, daß Strawson diesen Gebrauch behandelt hat, aber daß er etwas Wahres und etwas Falsches über ihn gesagt hat. Um den Unterschied zwischen den zwei Gebrauchsweisen von Kennzeichnungen zu erläutern, gibt Donnellan das folgende Beispiel.

Betrachten wir den Satz

(2) Der Mörder Schmidts ist verrückt.

Es ist möglich, diesen Satz, der die Form (1) hat, in zwei verschiedenen Situationen zu benutzen. Die erste Situation ist diese. Man hat soeben die Leiche Schmidts gefunden. Schmidt war ein sehr freundlicher Mann und hatte keinen Feind. Als er ermordet wurde, führte er kein Geld mit sich. Ferner war der Mord besonders brutal und barbarisch. Dann wird jemand, den dieser Mord tief erschüttert hat, (2) ausrufen. Was er mit seiner Äußerung von (2) meint, ist natürlich

(3) Wer auch immer Schmidt ermordete, ist verrückt.

Nach Donnellan ist der entsprechende Gebrauch der Kennzeichnung 'der Mörder Schmidts' attributiv. Damit dieser Gebrauch der Kennzeichnungen eine Referenz habe, ist es notwendig, daß genau eine Person die Eigenschaft hat, der Mörder Schmidts zu sein. Wenn niemand Schmidt ermordet hätte, wenn

Schmidt sich zum Beispiel selber umgebracht hätte, dann würde dieser Gebrauch überhaupt nichts bezeichnen und (2) - oder genauer: jene Äußerung von (2) - würde wohl als falsch einzuschätzen sein.

Aber es ist auch möglich, sich folgende Situation auszumalen. Die Leiche Schmidts wurde gefunden und Bauer wird verdächtigt, der Mörder zu sein. Es kommt zum Prozeß und in diesem Prozeß verhält sich Bauer höchst seltsam. Er antwortet auf keine Fragen, ergreift nie das Wort, stattdessen lächelt er manchmal versonnen oder beginnt zu pfeifen, kurz, er nimmt nicht den geringsten Anteil an dem, was um ihn herum vorgeht. Dann ist es wahrscheinlich, daß jemand, der den Prozeß verfolgt, (2) sagt oder schreibt. Was er mit seiner Äußerung von (2) meint, ist natürlich

(4) Bauer ist verrückt.

Nach Donnellan ist dieser Gebrauch der Kennzeichnung 'der Mörder Schmidts' referentiell. Es ist dafür, daß dieser Gebrauch der Kennzeichnung eine Referenz habe, nicht notwendig, daß genau eine Person die Eigenschaft hat, Schmidt ermordet zu haben. Die Referenz dieses Gebrauchs ist ja Bauer - gleichgültig ob Schmidt von niemandem oder von mehreren Leuten ermordet worden ist. Selbst wenn sich also Schmidt selber umgebracht hätte, würde nach Auffassung Donnellans die Referenz der Kennzeichnung 'der Mörder Schmidts' existieren und mit Bauer identisch sein; und wenn Bauer tatsächlich verrückt ist, dann - so Donnellan - ist (2) in dieser Situation wahr, selbst wenn Bauer Schmidt gar nicht ermordet hat.

Verallgemeinern wir dieses Beispiel. Es gibt zwei Gebrauchsweisen eines Satzes der Form (1). Beim ersten, dem **attributiven Gebrauch**, ist der Satz mit einem entsprechenden der Form

(5) Wer auch immer P ist, ist Q.

äquivalent. Wenn eine Kennzeichnung attributiv benutzt wird, dann muß genau ein Objekt die Eigenschaft P haben, damit die Kennzeichnung eine Referenz hat. Gibt es ein solches Objekt nicht, dann bezeichnet die Kennzeichnung nichts und dann kann der Satz falsch oder vielleicht auch ohne Wahrheitswert, aber freilich nicht wahr sein.

Beim zweiten, dem **referentiellen Gebrauch**, ist (1) mit

(6) a ist Q.

äquivalent, wobei *a* üblicherweise ein Eigenname oder ein hinweisendes Fürwort und damit ein anderer singulärer Term als (der *P*) ist. Der Grund, dessentwegen der Sprecher in diesem Fall die Kennzeichnung (der *P*) benutzt, ist zwar normalerweise der, daß er glaubt, daß das durch den singulären Term *a* bezeichnete Individuum das einzige Objekt ist, das die Eigenschaft *P* hat; aber auch wenn dem nicht so ist, bezeichnet der Sprecher gleichwohl dasselbe Objekt, und daher ist beim referentiellen Gebrauch von (der *P*) ein Satz der Form (1) genau dann wahr, wenn jenes Objekt die Eigenschaft *Q* hat.

Donnellan verweist darauf, daß dieser Unterschied nicht auf die Verwendung von Kennzeichnungen in Aussagesätzen beschränkt ist. Betrachten wir etwa die Frage

(7) Wer ist der Mann, der einen Martini trinkt?

Auch diese Frage kann in zwei verschiedenen Situationen gestellt werden. Erstens ist möglich, daß jemand, vielleicht der Vorsitzende des örtlichen Abstinenzlervereins, herausgefunden hat, daß in dem Haus, in dem er sich gerade aufhält, eine Person sich dem Trinken eines Martini hingibt. Er will wissen, wer der Sünder ist, und fragt (7). Hier liegt ein attributiver Gebrauch der Kennzeichnung 'der Mann, der einen Martini trinkt' vor. Um auf die Frage eine direkte Antwort geben zu können, ist notwendig, daß in dieser Situation genau eine Person einen Martini trinkt. Wenn niemand einen Martini trinkt oder vielleicht sogar mehrere Personen einen Martini trinken, bekommt die Frage keine direkte, sondern eine korrigierende Antwort, wie z.B.

(8) Es gibt hier niemanden, der einen Martini trinkt.

oder

(9) Es gibt mehrere Personen hier, die einen Martini trinken. Welche meinen Sie?

Aber die Frage (7) kann auch in einer ganz anderen Situation gestellt werden. Nehmen wir beispielsweise an, daß zwei Damen in einem Empfangssaal miteinander plaudern. Eine von ihnen bemerkt einen Mann in einer Ecke und fragt die andere (7). Nun ist es durchaus möglich, daß der Mann in der Ecke Wodka oder gar Wasser trinkt, aber trotzdem bezeichnet - so Donnellan - die Dame jenen Mann in der Ecke und niemanden sonst. Ihre Frage kann daher auch eine direkte Antwort erhalten - gleichgültig, ob der Mann in der Ecke einen Martini trinkt oder noch andere im Empfangssaal einen Martini trinken. Hier ist die Kennzeichnung 'der Mann, der einen Martini trinkt' referentiell gebraucht worden, und damit dieser referentielle Gebrauch eine Referenz habe, ist nicht notwendig, daß genau eine Person die fragliche Eigenschaft hat. Meistens reicht es, daß der Sprecher glaubt, genau eine Person habe die Eigenschaft, mit der er sie kennzeichnen will.

6.2 Darstellung und Beurteilung des negativen Teils von Donnellans Position

Donnellans Position ist keine direkte Behandlung der drei Probleme, auf die wir uns in diesem Buch konzentrieren (doch siehe 6.4 und 7.3 unten). Aber offensichtlich ist diese Position ein ganz neuer Vorschlag, die Referenzproblematik zu sehen, und so erscheint es wichtig, sie zu besprechen und zu beurteilen.

Unsere allgemeinste These für die Erörterung von Donnellans Position ist die: Wir müssen in Donnellans Position zwischen einem negativen und einem positiven Teil unterscheiden. Der negative Teil ist im wesentlichen richtig, der positive aber ist nicht sonderlich klar ausgedrückt und sollte von Donnellan tiefer entwickelt werden.

Strawson hat hervorgehoben, es seien nicht die sprachlichen Ausdrücke selber, die etwas bezeichnen, sondern die Menschen, die mit Hilfe von Ausdrücken etwas bezeichnen, oder - abstrakter ausgedrückt - nicht ein Ausdruck, sondern sein Gebrauch bezeichne etwas. Das Problem ist dann: Was für ein Objekt kann ein Sprecher durch einen Ausdruck in einer konkreten Situation bezeichnen? Insbesondere, was für ein Objekt kann ein Sprecher durch eine Kennzeichnung (der P) in einer konkreten Situation bezeichnen? Strawson glaubte, daß dies die Antwort war: Nur dasjenige Objekt, das in der betreffenden Situation das einzige Objekt ist, das die Eigenschaft P hat. Wenn es kein solches Objekt gibt, dann ist nach Strawson die Kennzeichnung in diesem Fall ohne Referenz und daher unrichtig gebraucht worden.

Donnellan bemerkt dagegen, daß ein Sprecher mit (der P) oft ein Objekt bezeichnet, das die Eigenschaft P nicht hat. Donnellan macht darauf aufmerksam - und dies ist der negative Teil seiner Position -, daß es dafür, daß ein Sprecher in einer Situation ein Objekt o durch eine Kennzeichnung (der P) bezeichne, nicht notwendig ist, daß o das einzige Objekt ist, das P ist.

Freilich glaubt Donnellan, daß manchmal - das heißt, immer wenn die Kennzeichnung (der P) attributiv benutzt wird - es notwendig ist, daß die Referenz der Kennzeichnung das einzige Objekt ist, das die Eigenschaft P hat, und daß, wenn es ein solches Objekt nicht gibt, dann die Kennzeichnung keine Referenz hat. Man könnte allerdings sagen, daß eine Kennzeichnung kein wirklicher singulärer Term ist, wenn sie attributiv gebraucht wird. Wie sollen wir dies verstehen?

Zunächst verweisen wir darauf, daß sowieso schon nicht immer in der Umgangssprache ein Ausdruck der Form (der P) als ein singulärer Term benutzt wird. Sehen wir uns etwa den Satz

(10) Der Wal ist ein Säugetier.

an. Der Ausdruck 'der Wal', der in (10) vorkommt, ist kein singulärer Term, er bezeichnet kein einzelnes Objekt. Dagegen bezeichnet er in

(11) Der Wal rammte das Schiff.

ein einzelnes Objekt, und zwar genau eines, fungiert also in (11) als singulärer Term. Somit spielt 'der Wal' in (10) und (11) offenkundig verschiedene Rollen. In der Tat verhält sich dieser Ausdruck in (10) wie ein genereller Term, denn statt (10) könnten wir genau so gut

(12) Jeder Wal ist ein Säugetier.

schreiben, welcher Satz äquivalent ist mit

(13) Was auch immer ein Wal ist, ist ein Säugetier.

Nun wissen wir bereits, daß

(14) Der P ist Q.

äquivalent ist mit

(15) Was auch immer P ist, ist Q.

wenn (der P) in (14) einen attributiven Gebrauch hat. Aber das bedeutet, daß sich die attributiv gebrauchte Kennzeichnung (der P) nicht anders verhält als der Ausdruck 'der Wal' in unserem Beispielsatz (10). Ein Ausdruck der Form (der P) spielt somit, wenn attributiv gebraucht, nicht die Rolle eines singulären, sondern die eines generellen Terms!

Wir schließen daraus: Die Kennzeichnung (der *P*) wird als ein echter singulärer Term genau dann benutzt, wenn sie referentiell (also nicht attributiv) benutzt wird. Wird sie referentiell benutzt, dann ist es nicht nötig, daß genau ein Objekt die Eigenschaft *P* hat, um als Referenz der Kennzeichnung zu gelten. Und es kann sogar der Ausdruck (der *P*) bisweilen etwas bezeichnen, das nicht *P* ist, sofern er ein echter singulärer und kein verkleideter genereller Term ist.

Dies ist also - nochmals - der negative Teil der Position Donnellans: Es ist weder notwendig, daß ein Objekt, das durch (der *P*) gekennzeichnet wird, die Eigenschaft *P* hat, noch, daß es genau ein Objekt mit der Eigenschaft *P* gibt. Und Donnellans Beipiele scheinen uns den negativen Teil seiner Position plausibel zu machen.

6.3 Darstellung und Beurteilung des positiven Teils von Donnellans Position

Donnellan glaubt freilich nicht, daß in einer bestimmten Situation ein bestimmter Sprecher irgendwelche beliebigen Kennzeichnungen benutzen darf, um ein Objekt zu bezeichnen. Irgendetwas ist sehr wohl nötig dafür, daß ein Objekt als die Referenz einer Kennzeichnung (der *P*) in einer Situation gelten kann, selbst wenn ihm die Eigenschaft *P* abgeht oder es noch andere Objekte gibt, die jene Eigenschaft haben. Irgendetwas muß notwendig sein, sonst wird die Entscheidung, welches Objekt durch eine Kennzeichnung in einem konkreten Fall bezeichnet ist, eine Sache der Willkür. Der negative Teil der Donnellanschen Referenztheorie ist zwar plausibel, aber er liefert kein Entscheidungskriterium. Wir brauchen auch einen positiven, affirmativen Teil, der uns zumindest sagt, was die notwendigen Bedingungen dafür sind, daß (der *P*) in diesem Fall dieses Objekt, in jenem Fall jenes Objekt bezeichnet. Donnellan hat jedoch den positiven Teil seiner Position nicht ausgearbeitet, weshalb wir festhalten müssen, daß sie unvollständig und sehr ergänzungsbedürftig ist. Daß der positive Teil der Donnellanschen Position nicht entwickelt ist, kommt allerdings nicht von ungefähr. Es stehen seiner Ausarbeitung beträchtliche Schwierigkeiten entgegen, von denen die wichtigsten im folgenden kurz angedeutet seien.

Es erscheint am nächstliegenden, die folgende notwendige Bedingung vorzuschlagen: Damit man von einem Sprecher behaupten kann, er benutze die Kennzeichnung (der *P*) in einer Situation *s* referentiell, nämlich um das Objekt *o* zu bezeichnen, ist notwendig (nicht daß *o* das einzige Objekt ist, das in *s* die Eigenschaft *P* hat, sondern) daß er *glaubt*, daß *o* das einzige Objekt ist, das in der Situation *s* die Eigenschaft *P* hat. Aber dieser Vorschlag führt sofort zu

Schwierigkeiten. Malen wir uns etwa die folgende Situation aus. Otto glaubt, daß der Mann in der Ecke einen Martini trinkt, und Peter weiß, daß Otto dies glaubt, aber Peter weiß auch, daß der Mann in der Ecke Wasser trinkt. Nun will Peter wissen, wer der Mann in der Ecke ist. Wird Peter

(16) Wer ist der Mann, der Wasser trinkt?

fragen? Vermutlich nicht, obschon er glaubt, daß dieser Mann Wasser trinkt. Wenn Peter (16) fragte, dann würde Otto nicht verstehen, wen Peter meint, und Peter weiß das. Es wäre viel natürlicher für Peter, (7) zu fragen. Tut er das, dann verwendet er in diesem Fall 'der Mann der einen Martini trinkt', um einen Mann zu bezeichnen, von dem er nicht glaubt, daß er einen Martini trinkt. Also ist dafür, daß Peter diesen Mann mit 'der Mann, der einen Martini trinkt' bezeichnet, nicht notwendig, daß er - Peter - glaubt, daß der fragliche Mann einen Martini trinkt.

Ist vielleicht notwendig, daß der Zuhörer das glaubt? Noch einmal scheint die Antwort ein Nein zu sein. Komplizieren wir zur Begründung des Neins die Situation wie folgt. Sowohl Peter als auch Otto wissen, daß der Mann in der Ecke Wasser trinkt, aber Peter glaubt, daß Otto glaubt, daß der Mann in der Ecke einen Martini trinkt. Dann würde es natürlich scheinen, wenn Peter wissen wollte, wer der Mann in der Ecke ist, daß Peter an Otto die Frage (7) stellte, nicht aber (16). Aber weder Peter noch Otto, d.h. weder Sprecher noch Zuhörer, glauben, daß dieser Mann einen Martini trinkt. Also darf dafür, daß Peter die Kennzeichnung 'der Mann, der einen Martini trinkt' referentiell benutzt, nicht notwendig sein, daß der Zuhörer glaubt, jener Mann trinke einen Martini. Allgemeiner: Ein Sprecher kann eine Kennzeichnung referentiell gebrauchen, obschon sein Zuhörer glaubt, das Objekt weise jene Eigenschaft, durch die es der Sprecher kennzeichnen will, gar nicht auf. Ist aber vielleicht notwendig, daß der Sprecher glaubt, daß der Zuhörer glaubt, daß das Objekt die Eigenschaft aufweist, durch die es der Sprecher kennzeichnen will? Wir wollen hier keine Antwort mehr versuchen. Leider gibt auch Donnellan keine.

Eine weitere Frage ist: Ist notwendig, daß das Objekt o existiert, damit man von einem Sprecher behaupten kann, er benutze die Kennzeichnung (der P) in der Situation s, um o zu bezeichnen? In unserem Musterbeispiel war stets vorausgesetzt, daß der Mann, der in den verschiedenen Situationen mit der Kennzeichnung 'der Mann, der einen Martini trinkt' bezeichnet werden sollte, existiert. Es mag sein, daß er in Wirklichkeit keinen Martini trinkt, es mag sein, daß noch andere Martini trinkende Männer in seiner Nähe stehen, aber stets war klar, daß sich der Sprecher auf ihn als einen real vorhandenen Mann beziehen wollte. Auch in unserem anderen Beispiel haben wir vorausgesetzt, daß ein

Sprecher, der die Kennzeichnung 'der Mörder Schmidts' referentiell gebraucht, sich auf eine real existierende Person, z.B. auf Herrn Bauer, bezieht. Aber denken wir uns nun folgende Situation. Peter glaubt, daß der Mann in der Ecke einen Martini trinkt, aber tatsächlich gibt es überhaupt nichts in der Ecke, die Ecke ist leer, Peter selbst hat zuviele Martinis getrunken und unterliegt einer Sinnestäuschung. Nehmen wir an, daß Peter wissen will, wer der Mann, von dem er glaubt, er sei in der Ecke, ist. Peter stellt also an Otto die Frage (7). Otto könnte nüchtern geblieben sein und Peter eine korrigierende Antwort geben. Bezeichnet in diesem Fall die Kennzeichnung wiederum nichts? Oder einen nicht existierenden Mann? Oder ein Trugbild? Donnellan bevorzugt die erste Alternative, aber man kann durchaus der Ansicht sein, daß die beiden anderen Alternativen genauso (oder besser) gerechtfertigt sind.

6.4 Anwendung von Donnellans Position auf die Referenzproblematik

Donnellans Position stellt eine willkommene Artikulierung von Strawsons Betonung der kontextualen Natur der Referenzbestimmung dar, insofern sie hervorhebt, daß die Referenz eines Termes in einem Kontext oft von den Überzeugungen und Erwartungen dessen, der ihn äußert, und dessen, der ihn hört, abhängt. Aber diese Artikulierung ist nicht vollständig, insofern sie sich auf die Feststellung beschränkt, daß es eine solche Abhängigkeitsbeziehung gibt, ohne ausreichend zu spezifizieren, worin diese Beziehung besteht. In späteren Aufsätzen, zum Beispiel in "Speaking of Nothing" aus dem Jahr 1974, anerkannte Donnellan die weitgehend negative Bedeutung seiner frühen Beiträge, und machte sich daran, positivere Vorschläge zu machen, die für das Problem der leeren Referenz relevant sind. Doch sind diese Vorschläge analog zu denen, die (vorher schon) Saul Kripke in Form seiner kausalen Referenztheorie gemacht hat; so werden wir sie erst im nächsten Kapitel betrachten.

6.5 Literatur

Donnellan hat seinen Standpunkt vor allem in den folgenden Aufsätzen ausgearbeitet: "Reference and Definite Descriptions", *Philosophical Review* 75 (1966), pp. 281-304; "Putting Humpty Dumpty Together Again", *Philosophical Review* 77 (1968), pp. 203-215; "Proper Names and Identifying Descriptions", in *Semantics of Natural Language*, herausgegeben von D. Davidson und G. Harman, Dordrecht, Reidel 1972, pp. 356-379; und "Speaking of Nothing", *Philosophical Review* 83 (1974), pp. 3-31.

6.6 Probleme

1. Es ist in 6.2 argumentiert worden, daß sich eine Kennzeichnung in ihrem attributiven Gebrauch wie ein genereller Term verhält; genauer, daß ein Satz, der eine attributiv gebrauchte Kennzeichnung enthält und daher beim ersten Anblick wie ein Singulärsatz aussieht, mit einem Universalsatz äquivalent ist, der diese Kennzeichnung nicht enthält. Es wurde in 6.1 auch gesagt, daß Russells Kennzeichnungstheorie gemäß Donnellan durchaus richtig sein mag, wenn man sie auf attributiv gebrauchte Kennzeichnungen einschränkt. Aber wäre es nicht vernünftig, stattdessen zu behaupten, daß die Äquivalenz von Sätzen, die attributiv gebrauchte Kennzeichnungen enthalten, mit *universellen* Sätzen eine *andere* Theorie über attributiv gebrauchte Kennzeichnungen als die Russells nahelegt - insbesondere ein anderes Verfahren zur Elimination von Kennzeichnungen?

2. Könnte der Begriff des referentiellen Gebrauches einer Kennzeichnung auf alle singulären Terme ausgedehnt werden? Könnte er auch auf generelle Terme ausgedehnt werden?

3. Donnellan ist der Ansicht, daß die Bestimmung des Objekts, auf das wir uns mit einem Term zu beziehen versuchen, (auf eine nicht sehr durchsichtige Weise) von dem abhängt, was wir glauben, aber er vertritt auch die Meinung, daß die Referenz jenes Terms (wenn es überhaupt eine gibt) ein reales Objekt ist. Nehmen Sie an, wir sagten stattdessen, die Referenzbeziehung sei eine Beziehung von Äußerungen von Kennzeichnungen auf der einen Seite zu *intentionalen* Objekten auf der anderen Seite (das heißt, die Objekte, auf die sich unsere Äußerungen beziehen, wären dann nicht mehr reale Objekte, sondern mentale Gegenstände unserer Gedanken und Vorstellungen). Was würde unter dieser Annahme aus Donnellans Theorie werden?

7 Kripke

7.1 Historische Vorbemerkungen

Philosophen wie Frege, Russell und Carnap behandelten die Referenzproblematik unter weitgehendem Absehen vom tatsächlichen Gebrauch singulärer Terme in der Umgangssprache. Dies mag teilweise durch die Tatsache gerechtfertigt gewesen sein, daß sie sich eher für ontologische und logische Fragen als für sprachphilosophische Fragen interessierten; insbesondere Frege, Russell und Carnap wollten künstliche Sprachen aufbauen, die weniger die Umgangssprache widerspiegeln als vielmehr zur exakten Formulierung der Mathematik und Physik dienen sollten.

Strawson hingegen widmete sich der Umgangssprache direkt, und die erste Folge dieses verschiedenen Interesses war die Einsicht, daß das Phänomen, wie Terme von Menschen zur Bezeichnung von Objekten tatsächlich verwendet werden, viel komplizierter ist, als es sich die Philosophen hatten träumen lassen. Donnellans Überlegungen vertieften diese Einsicht nur. Der negative Teil seiner Position verwies auf neue Facetten des Referenzprozesses, ohne daß der positive Teil sie erklären konnte. Mit Kripke geht es einen weiteren Schritt in diese Richtung.

Saul Kripke hat 1972 eine wichtige einschlägige Arbeit veröffentlicht. Ihr Titel ist "Naming and Necessity", auf sie werden wir uns hier konzentrieren. Im Mittelpunkt dieser Arbeit stehen die Eigennamen, nicht aber die logischen Eigennamen Russells, sondern normale, alltägliche Eigennamen wie 'Ermanno' oder 'Ronald Reagan'. Meinong, Frege, Russell, Carnap, Strawson und Donnellan haben sich am meisten für Kennzeichnungen interessiert. Einige davon behandelten zwar auch Eigennamen, aber dann reduzierten sie die Eigennamen irgendwie auf die Kennzeichnungen. Zum Beispiel glaubte Russell, daß ein alltäglicher Eigenname - in seiner Terminologie 'ein grammatischer Eigenname' - eine Abkürzung für eine Kennzeichnung ist, daß etwa 'Ronald Reagan' eine Abkürzung für 'der Präsident der Vereinigten Staaten im Jahr 1982' ist. Im Gegensatz dazu hat Kripke sehr wenig über die Kennzeichnungen zu sagen, die zentralen Thesen in seiner Arbeit haben mit Eigennamen zu tun.

7.2 Die drei Hauptthesen Kripkes

Sie lauten:

(1) Normale, alltägliche Eigennamen (von nun an einfach 'Eigennamen' genannt) sind starre Bezeichnungsausdrücke.

(2) Die Referenz eines Eigennamens wird nicht durch seine Verbindung mit einer Kennzeichnung bestimmt.

(3) Die Referenz eines Eigennamens wird vielmehr durch eine am Anfang stehende "Taufe" festgelegt und die so festgelegte Verbindung zwischen Eigennamen und benanntem Objekt wird durch eine Kommunikationskette anderen Sprachbenutzern "weitergemeldet".

7.2.1 Kripkes erste Hauptthese

Um die erste These zu verstehen, müssen wir etwas über die Modallogik sagen. Die Modallogik ist die Logik der Ausdrücke 'notwendig' und 'möglich'. In dieser Logik finden wir Gesetze wie zum Beispiel:

(4) Wenn der Satz A notwendig ist, dann ist A wahr.

(5) Wenn A wahr ist, dann ist A möglich.

Kripke hat 1959 die folgenden Wahrheitsbedingungen für Sätze, die als 'notwendig' bzw. als 'möglich' bezeichnet werden, vorgeschlagen:

(6) (A ist notwendig) ist wahr gdw A in allen möglichen Welten wahr ist.

(7) (A ist möglich) ist wahr gdw A in mindestens einer möglichen Welt wahr ist.

Die **wirkliche Welt** ist die Gesamtheit aller Zustände, die wirklich sind, die also tatsächlich schon eingetreten sind oder noch im weiteren Ablauf dieses unseres Universums eintreten werden. Wenn ein Satz wirklich wahr ist, wenn er einen wirklichen Zustand beschreibt, dann sagen wir, daß er in der wirklichen Welt wahr ist. Beispielsweise ist der Satz

(8) Ermanno hat 1982 in Salzburg unterrichtet.

in der wirklichen Welt wahr. Sätze wie (8) sind aber, auch wenn sie wahr sind, nicht notwendig. Es ist der Fall gewesen, daß Ermanno 1982 in Salzburg unterrichtet hat, aber es hätte nicht der Fall sein müssen, insbesondere die Geschichte Ermannos hätte anders verlaufen können, als sie verlaufen ist; Ermanno hätte etwa 1982 in Kalifornien bleiben können, und dann wäre (8) falsch gewesen. Im Jargon der Modallogik: Zwar ist (8) in der wirklichen Welt wahr, aber es gibt andere mögliche Welten, in denen (8) falsch ist. Eine **mögliche Welt**, die anders als die wirkliche ist, ist intuitiv also nichts anderes als eine Gesamtheit von Zuständen, von denen einige in unserem Universum weder eingetreten sind noch eintreten werden, aber eintreten hätten können. Unsere Welt hat eine bestimmte Entwicklung genommen, aber es sind andere Entwicklungen denkbar, und jede solche denkbare Entwicklung kann als eine mögliche Welt aufgefaßt werden. Somit ist auch unsere wirkliche Welt eine mögliche, weil vorstellbare.

Betrachten wir nun die Kennzeichnung

(9) der Präsident der Vereinigten Staaten im Jahr 1982.

In der wirklichen Welt bezeichnet (9) Ronald Reagan, aber natürlich gibt es auch mögliche Welten, in denen Jimmy Carter oder vielleicht Ted Kennedy die 1980er Wahl gewonnen hat, und in solchen Welten bezeichnet (9) ein von Ronald Reagan verschiedenes Objekt, etwa Jimmy Carter oder Ted Kennedy. Es gibt auch mögliche Welten, die sozusagen noch weiter von der wirklichen entfernt sind, zum Beispiel eine Welt, in der die Vereinigten Staaten im Jahr 1982 eine Monarchie sind, oder eine Welt, auf der es 1982 keine Menschen gibt. In solchen möglichen Welten bezeichnet (9) überhaupt nichts, ist (9) ein leerer singulärer Term.

Kripkes erste Hauptthese leugnet, daß Eigennamen sich wie die Kennzeichnung (9) verhalten können. Ein Eigenname wie

(10) Ronald Reagan

kann zwar in einigen möglichen Welten überhaupt nichts bezeichnen, denn es gibt mögliche Welten, in denen Ronald Reagan nicht existiert, aber in allen jenen möglichen Welten, in denen es einen Ronald Reagan gibt, also in allen Welten, in denen (10) etwas bezeichnet, bezeichnet (10) immer dasselbe Objekt. Natürlich hat dieses Objekt in den verschiedenen möglichen Welten verschiedene Eigenschaften. Es gibt etwa eine mögliche Welt, in der Ronald Reagan nicht Präsident der Vereinigten Staaten geworden ist, eine andere, in der er Nancy nicht geheiratet hat, eine dritte, in der er kein Schauspieler, sondern vielleicht ein Bankier war, u.s.w. Aber in allen jenen möglichen Welten, in denen er existiert, ist Ronald Reagan immer dasselbe Objekt.

Ein singulärer Term, der dasselbe Objekt in allen möglichen Welten bezeichnet, in denen er überhaupt etwas bezeichnet, wird von Kripke 'ein **starrer Bezeichnungsausdruck**' oder 'ein rigider Designator' genannt. Somit können wir die erste Hauptthese reformulieren als: Eigennamen sind starre Bezeichnungsausdrücke.

(Es gibt auch Ausdrücke, die in jeder möglichen Welt etwas bezeichnen und in jeder dasselbe Objekt. Dies sind Ausdrücke, die ein notwendig existierendes Objekt starr bezeichnen. Etwa könnte der Ausdruck 'Gott' zu diesen Ausdrücken zählen. Diese Ausdrücke nennt Kripke 'auf starke Weise starr'. Sie brauchen uns hier nicht weiter zu beschäftigen.)

Um die erste Hauptthese Kripkes zu kritisieren, müßten wir noch weit tiefer in die Modallogik eindringen, und das wollen wir in diesem Buch nicht tun. Also werden wir damit zufrieden sein, die These erläutert zu haben. Wir halten fest: Während Kennzeichnungen wie (9) verschiedene Objekte in verschiedenen möglichen Welten bezeichnen, bezeichnen Eigennamen wie (10) in allen jenen möglichen Welten, in denen sie überhaupt etwas bezeichnen, immer dasselbe Objekt.

7.2.2 Kripkes zweite Hauptthese

Die zweite Hauptthese Kripkes ist vielleicht die, die am wenigsten neu ist. Nach Donnellan kann ja die Referenz einer Kennzeichnung der Form (der P) ein Objekt sein, das nicht die Eigenschaft P hat. Das durch den referentiellen Gebrauch von 'der Mörder Schmidts' bezeichnete Objekt muß Schmidt nicht ermordet haben, das durch den referentiellen Gebrauch von 'der Mann, der einen Martini trinkt' bezeichnete Objekt braucht kein Martini trinkender Mann zu sein. Die zweite zentrale These Kripkes stellt eine Erweiterung dieser Position Donnellans auf die Eigennamen dar.

Kripke schlägt das folgende Beispiel vor. Praktisch das einzige, was viele Leute von Kurt Gödel wissen, ist, daß er die Unvollständigkeit der Arithmetik entdeckt hat. Für diese Leute ist anscheinend die Referenz des Eigennamens 'Kurt Gödel' durch die Kennzeichnung

(11) der Mann, der die Unvollständigkeit der Arithmetik entdeckte

bestimmt. Mit anderen Worten, wenn diese Leute den Eigennamen 'Kurt Gödel' benutzen, scheinen sie den Mann, der die Unvollständigkeit der Arithmetik entdeckte, zu bezeichnen oder zumindest bezeichnen zu wollen. Aber stellen wir uns folgende fiktive Situation oder mögliche Welt vor, in der Kurt Gödel nicht mit dem Mann identisch ist, der die Unvollständigkeit der Arithmetik entdeckte. Nehmen wir an, daß diese Entdeckung von einem Mann namens 'Schmidt' stammt, der mit Gödel befreundet war und in den zwanziger Jahren unter mysteriösen Umständen in Wien gestorben ist, und unterstellen wir, daß Gödel sich irgendwie Schmidts wissenschaftliche Aufzeichnungen verschaffte und unter seinem - Gödels - Namen veröffentlichte. Wen bezeichnen dann die Leute, die Kurt Gödel für den Entdecker der Unvollständigkeit der Arithmetik halten, wenn sie 'Kurt Gödel' sagen? Schmidt? Wohl kaum. Wenn diese Leute beispielsweise

(12) Kurt Gödel ist alt.

sagen, dann - so Kripke - wäre es doch absurd anzunehmen, daß das, was sie mit (12) meinen, auch durch

(13) Schmidt ist alt.

ausgedrückt wird.

Die Situation ist also folgende. Die Leute benutzen den Eigennamen 'Kurt Gödel', um ein bestimmtes Objekt, nämlich die Person Kurt Gödel, zu bezeichnen. Aber die Leute kennen keine Kennzeichnung, die auf Kurt Gödel zutrifft und seine Identifizierung erlaubt. Die einzige Kennzeichnung, die sie kennen, nämlich (11), identifiziert nicht Gödel, sondern Schmidt. Der Schluß ist: Es ist unmöglich, daß die Referenz dieses Eigennamens durch die Verbindung mit einer Kennzeichnung oder auf dem Weg über eine Kennzeichnung bestimmt ist.

Wir sehen, wie ähnlich Kripkes Position hier zu der Donnellans ist. Donnellan sagt, daß man eine Kennzeichnung der Form (der P) benutzen kann, um ein Objekt o zu bezeichnen, auch wenn man sich in der Annahme, daß o die Eigenschaft P hat, irrt und sonst keine Eigenschaft von o kennt. Kripke erweitert diese Position auf Eigennamen: Man kann einen Eigennamen a benutzen, um ein Objekt o zu bezeichnen, auch wenn man keine Eigenschaft von o kennt. In Anbetracht dieser Beziehung zwischen Kripkes und Donnellans Position läßt sich die zweite Hauptthese Kripkes vielleicht auch so formulieren: Die Referenz eines Eigennamens wird nicht durch die Verbindung des Namens mit einem attributiven Gebrauch einer Kennzeichnung bestimmt, sondern durch seine Verbindung mit einem referentiellen Gebrauch einer Kennzeichnung. So bezeichnet etwa (11) Schmidt, wenn (11) attributiv gebraucht wird, aber wenn (11) referentiell benutzt wird, dann bezeichnet (11) wahrscheinlich Kurt Gödel.

Obwohl unsere Reformulierung der zweiten Hauptthese Kripkes korrekt sein dürfte, lernen wir nicht viel aus ihr. Denn der referentielle Gebrauch einer Kennzeichnung ist bisher nur auf eine negative Weise charakterisiert worden: Wir wissen zwar, was nicht notwendig ist, daß eine Kennzeichnung ein Objekt referentiell bezeichne, aber nicht, was notwendig ist, daß eine Kennzeichnung ein Objekt referentiell bezeichne. Somit würden wir, auch wenn wir wüßten, daß der Eigenname 'Kurt Gödel' seine Referenz durch seine Verbindung mit einem referentiellen Gebrauch der Kennzeichnung (11) bekommt, noch immer nicht wissen, wie er seine Referenz bekommen hat.

7.2.3 Kripkes dritte Hauptthese

Kripke hat jedoch im Gegensatz zu Donnellan auch einen positiven Teil in seiner Position geschaffen, und zwar in Gestalt seiner dritten Hauptthese.

Versuchen wir, diese These anhand Kripkes Musterbeispiel 'Aristoteles' zu erläutern. Kripke glaubt, daß wir einen ganz bestimmten Mann bezeichnen, wenn wir den Eigennamen 'Aristoteles' benutzen. Alles, was wir über diesen Mann zu wissen glauben, könnte falsch sein. Es könnte zum Beispiel sein, daß Aristoteles weder ein Philosoph noch ein Grieche war. Dennoch, sagt Kripke, bezeichnen wir mit 'Aristoteles' eine bestimmte Person. Wie kann dies der Fall sein?

Hier ist Kripkes Antwort. Nehmen wir an, es ist gerade ein Baby geboren worden und seine Eltern rufen es mit dem Namen 'Aristoteles'. Sie reden mit Freunden über ihr Baby, die Freunde reden mit ihren Bekannten über das Kind. Auf diese Weise wird der Name des Kindes verbreitet und es entwickelt sich eine immer länger werdende Kommunikationskette, deren Anfangsglieder die Eltern selbst sind, deren nächste Glieder die Freunde der Eltern sind, deren weitere Glieder Bekannte dieser Freunde sind und deren vorläufige Endglieder jene Personen sind, die gerade von früheren Gliedern in der Kette 'Aristoteles' gehört haben. Nach Kripke bezeichnet ein Sprecher, der Jahre nach der Geburt des Kindes auf dem Marktplatz von einem Glied in dieser Kette 'Aristoteles' hört, mit 'Aristoteles' nun auch dieses Objekt und ist selber Glied der Kommunikationskette geworden, auch wenn er sich nicht mehr erinnern kann, durch wen er zum erstenmal von Aristoteles gehört hat oder durch wen er überhaupt je von Aristoteles gehört hat. Es bezeichnet also mit 'Aristoteles' Aristoteles, obschon er nicht in der Lage ist, Aristoteles durch Kennzeichnungen zu identifizieren. Er weiß nicht, was die Aristotelische Metaphysik ist oder was Aristoteles' Theorie des Himmels ist. Er braucht diese Dinge nicht zu wissen; er muß nur Glied einer Kommunikationskette sein, die zu den Erstanwendern des Namens 'Aristoteles' zurückreicht.

Diese Theorie, die üblicherweise **'die kausale Theorie der Referenz'** genannt wird, enthält zwei Teile. Erstens wird die Referenz eines Eigennamens durch eine anfängliche oder ursprüngliche Taufe bestimmt. Hauptsächlich besteht die Taufe aus einem Identitätssatz, dessen einer Teil der fragliche Name ist, während der andere ein hinweisender Ausdruck ist wie beispielsweise in

(14) Dies (dieses Baby) ist (identisch mit) Aristoteles.

Zuweilen aber kann der Identitätssatz außer dem Eigennamen eine Kennzeichnung enthalten wie etwa in

(15) Das erste Baby, das heute geboren werden wird, wird (identisch mit) Aristoteles sein.

Die Taufe setzt die Referenz des Eigennamens für alle jene Leute fest, die anwesend sind. Von nun an - und dies ist der zweite Teil der kausalen Theorie der Referenz - werden diese Leute mit anderen Leuten über das Baby sprechen und diese anderen Leute werden wieder mit anderen über das Baby reden und damit wird der Eigenname mit seiner Referenz von einer Person zur anderen übertragen werden.

Es ist sehr wichtig, genau zu verstehen, was in dieser Kommunikationskette übertragen wird. Also nehmen wir an, daß der Sprecher o anwesend war, als Aristoteles getauft wurde. o kennt Aristoteles gut, er weiß natürlich, daß Aristoteles ein großer Philosoph ist. Eines Tages trifft o seinen Freund o' auf dem Marktplatz und sagt zu ihm:

(16) Gestern habe ich mit Aristoteles gesprochen.

o' weiß nichts über Aristoteles und nun weiß er nur, daß o vor einem Tag mit Aristoteles gesprochen hat. Tatsächlich kann o' dies später wieder vergessen, aber nach Kripke bezeichnet o' von nun an, wann immer er den Namen 'Aristoteles' benutzt, dieselbe Person wie o. In der Kommunikationskette wurde zwar vom Glied o zum Glied o' keine Auskunft über Aristoteles übertragen und daher weiß o' nichts über Aristoteles, aber nach Kripke wurde trotzdem der Name mit derjenigen Referenz weitergegeben, auf die er sich seit dem "Taufakt" bezieht.

7.3 Anwendung der kausalen Referenztheorie auf das Problem der leeren Referenz

Donnellan wandte 1974 in seinem Aufsatz "Speaking of Nothing" die kausale Referenztheorie auf das Problem der leeren Referenz an. Folgen wir seiner Behandlung des Themas Stufe für Stufe. Zuerst einmal betont er, daß, wenn Sätze der Form

(17) *a* existiert nicht.

zur Diskussion stehen (wobei *a* ein Eigenname ist), man sich am besten die jeweiligen Kommunikationsketten von rückwärts her vorstellt, das heißt, daß wir von unserem derzeitigen Gebrauch von *a* zu jenem Kettenglied zurückzugehen versuchen, von dem wir den Namen übernommen haben. Als zweites führt er den Begriff der **Blockierung** ein, den er (vage) charakterisiert, wie folgt: Eine Blockierung ist ein solches Ende einer vom Ende zum Anfang hin betrachteten Kommunikationskette, das die Identifizierung von *a*'s Referenz verhindert. Wenn zum Beispiel ein Kind die umgekehrte Kommunikationskette rekonstruieren wollte, die mit seinem derzeitigen Gebrauch von 'der Weihnachtsmann' beginnt, würde es die Rekonstruktion nicht mit der Identifizierung der Referenz dieses Namens abschließen, sondern vielmehr mit einer (falschen) Geschichte, die ihm einmal die Eltern erzählt haben: Dieses Ende ist eine Blockierung. Als drittes und letztes schlägt Donnellan die folgende Regel vor:

(18) (*a* existiert nicht) ist genau dann wahr, wenn die relevante Kommunikationskette für *a* in einer Blockierung endet.

Donnellan faßt diese Regel so auf, daß sie bloß eine Wahrheitsbedingung für - und nicht eine Analyse von - Sätzen der Form (17) liefert, denn er ist sich klar darüber, daß seine Theorie noch in einem unvollendeten Stadium ist. - Kehren wir zu unserem Musterbeispiel

(19) Pegasus existiert nicht.

zurück. Aus (18) geht hervor, daß (19) wahr ist, da ja die relevante Kommunikationskette für 'Pegasus' in einer Blockierung endet; weiters, daß (19) nicht über Pegasus ist, denn da ist ja kein Pegasus, von dem (19) handeln könnte. Jedoch läßt uns (18) im unklaren - zumindest solange keine definitive Analyse von (18) erbracht ist -, über was *sonst*, wenn überhaupt über etwas, (19) nun wirklich etwas besagt.

7.4 Anwendung der kausalen Referenztheorie auf das Problem der indirekten Kontexte

Kripke hat wenig über Kennzeichnungen zu sagen und auch wenig über andere indirekte Kontexte als die modalen 'es ist notwendig, daß ...' und 'es ist möglich, daß ...'. In diesem eingeschränkten Rahmen macht er jedoch einen Vorschlag, der unsere Aufmerksamkeit verdient.

Sehen wir uns folgendes Beispiel zum Problem der indirekten Kontexte an. Der Satz

(20) Es ist möglich, daß Cassius Clay nicht identisch mit Muhammad Ali ist.

scheint wahr zu sein. Anderseits ist

(21) Cassius Clay ist identisch mit Muhammad Ali.

auch wahr. Also sieht es so aus, als folgte

(22) Es ist möglich, daß Muhammad Ali nicht identisch mit Muhammad Ali ist.

aus (20) und (21); aber (22) ist offenkundig falsch.

Kripkes Analyse dieses Beispiels würde wohl die folgende sein:

Wenn (21) tatsächlich zutrifft, dann gibt es Kommunikationsketten, die mit ein und demselben Individuum beginnen, das einmal 'Cassius Clay' und einmal 'Muhammad Ali' "getauft" worden ist. Was also (21) behauptet, ist, daß dieses Individuum identisch mit sich selbst ist, und das ist, wenn es wahr ist, notwendigerweise wahr. Folglich ist (20) nicht wahr, sondern falsch, und es ist nicht mehr paradox, daß (22) aus (20) und (21) folgt. Der Eindruck, (20) sei wahr, - und nun kommt Kripkes interessante Idee - beruht auf der Verwechslung metaphysischer mit erkenntnistheoretischen Fragen. Das heißt in unserem Fall, wir könnten zwar nicht wissen, daß (21) wahr und somit notwendigerweise wahr ist, und wir könnten folglich glauben, daß (20) wahr ist, aber das, was wir wissen oder glauben beziehungsweise nicht wissen oder nicht glauben könnten, braucht einfach nicht mit dem identisch zu sein, was der Fall ist.

7.5 Eine kurze Einschätzung der Position Kripkes

Der neuartigste Aspekt an der kausalen Referenztheorie besteht darin, daß sie entscheidenden Gebrauch von rein historischen, erfahrungsabhängigen Faktoren macht, um die Referenz von Ausdrücken zu bestimmen. Ausschließlich durch eine Reihe von *Handlungen* geschieht es, daß Namen eine Referenz erhalten, und jeder Versuch, diese Referenz durch eine begriffliche Charakterisierung einzufangen, führt zwangsläufig in die Irre - sogar dann, wenn die Charakterisierung den Kontext, in dem Namen geäußert werden, miteinschließt. Nach Kripke gibt es auch keine Möglichkeit vorherzusagen, wie Kommunikationsketten laufen werden, und im allgemeinen keine Möglichkeit, einem Namen seine Referenz mittels dessen, was wir über ihn wissen oder glauben, eindeutig zuzuordnen. Im nächsten Kapitel werden wir kurz auf die philosophische Bedeutung dieser radikalen Position eingehen.

7.6 Literatur

"Naming and Necessity" wurde veröffentlicht in *Semantics of Natural Language*, herausgegeben von D. Davidson und G. Harman, Dordrecht, Reidel 1972, pp. 253-355 (deutsch: *Name und Notwendigkeit*, Frankfurt am Main, Suhrkamp 1981). Andere Aufsätze Kripkes über diesen Gegenstandsbereich sind "Identity and Necessity" in *Identity and Individuation*, herausgegeben von M. Munitz, New York, New York University Press 1971, pp. 135-164 (deutsch: "Identität und Notwendigkeit" in *Moderne Sprachphilosophie*, herausgegeben von Michael Sukale, Hamburg, Hoffmann und Campe 1976); "Speaker's Reference and Semantic Reference" in *Contemporary Perspectives in the Philosophy of Language*, herausgegeben von P. French et al., Minneapolis, University of Minnesota Press 1979, pp. 6-27; "A Puzzle about Belief" in *Meaning and Use*, herausgegeben von A. Margalit, Dordrecht, Reidel 1979, pp. 239-275.

Für Kripkes Beiträge zur Modallogik siehe zumindest seinen Aufsatz "Semantical Considerations on Modal Logic", *Acta Philosophica Fennica* 16 (1963), pp. 83-94.

Die kausale Referenztheorie wurde, hauptsächlich von Hilary Putnam, auf generelle Terme ausgedehnt. Nützliche Darstellungen und Erläuterungen der ganzen Theorie finden sich in der Anthologie *Naming, Necessity, and Natural Kinds*, herausgegeben von S. Schwartz, Ithaca, Cornell University Press 1977, und in Nathan Salmons Monographie *Reference and Essence*, Princeton, Princeton University Press 1981.

7.7 Probleme

1. Kripke glaubt, daß viele Leute eine falsche Auffassung möglicher Welten haben, indem sie sich vorstellen, diese Welten stünden auf derselben ontologischen Ebene wie die wirkliche Welt und könnten daher im großen und ganzen auf dieselbe Weise erforscht werden wie die wirkliche Welt (vielleicht - wie Kripke im Scherz anfügt - mit so etwas Ähnlichem wie einem starken Fernrohr). Er dagegen spricht von möglichen Welten in kontrafaktischen Ausdrücken, d. h. als Zuständen, in denen sich diese unsere Welt hätte befinden können (aber sich im allgemeinen nicht befunden hat). Wie würde ein Anhänger der "irrigen" Auffassung möglicher Welten sich von Kripke unterscheiden angesichts der Referenz von Namen wie 'Ronald Reagan'?

2. Setzt man Kripkes Auffassung möglicher Welten voraus, welcher Standpunkt dürfte sich dann für ihn naheliegenderweise bezüglich hinweisender Fürwörter und zusammengesetzter hinweisender Ausdrücke ergeben?

3. Nehmen wir an, folgender Einwand würde gegen Kripke erhoben. In einer anderen möglichen Welt könnte der Name 'Ronald Reagan' doch gut dazu benutzt werden, ein Objekt zu bezeichnen, das von der Referenz dieses Namens in unserer wirklichen Welt verschieden ist (und ein von 'Ronald Reagan' verschiedener Name könnte in jener anderen möglichen Welt dazu benutzt werden, ein Objekt zu bezeichnen, das mit der Referenz des Namens 'Ronald Reagan' in unserer wirklichen Welt identisch ist). Somit wäre 'Ronald Reagan' nicht mehr ein rigider Designator. Wie könnte Kripke diesem Einwand begegnen?

4. Angenommen, zwei Kommunikationsketten vereinigen sich an einem bestimmten Kettenglied. Also zum Beispiel angenommen, zwei verschiedene Individuen sind 'Aristoteles' getauft worden, ein Sprecher q_1, der sich mit 'Aristoteles' auf das eine, und ein Sprecher q_2, der sich mit 'Aristoteles' auf das andere Individuum bezieht, geben diesen Namen an einen Sprecher q_3 weiter, und der glaubt nun, q_1 und q_2 hätten sich mit 'Aristoteles' jeweils auf dasselbe Individuum bezogen; damit vereinigen sich in q_3 zwei Kommunikationsketten. Nehmen wir weiter an, daß ab Kettenglied q_3 jedermann glaubt, daß es nur einen Aristoteles gegeben hat (q_1 und q_2 könnten ja kurz, nachdem sie mit q_3

gesprochen haben, gestorben sein). Was (wenn überhaupt etwas) ist jetzt die Referenz von 'Aristoteles'? (Vergleichen Sie diese Situation mit der folgenden. Wenn sich eine Amöbe in zwei Amöben aufspaltet, welche (wenn überhaupt eine) der beiden Amöben ist mit der Amöbe identisch, aus der sie durch Zellteilung hervorgegangen ist?)

8 Schlußbemerkungen

Mit der kausalen Theorie der Referenz haben wir den Höhepunkt einer Entwicklung erreicht, die vor langer Zeit angefangen hat. Frege und Russell haben eine vollkommene Sprache angestrebt, eine Sprache, die unabhängig von ihren Benützern und den Veränderungen in der Welt war. Wenn die Umgangssprache nicht so vollkommen war, dann waren sie bereit, die Umgangssprache zu modifizieren, um eine bessere Sprache aufzubauen. Strawson aber bemerkte, daß diese Haltung keine realistische Darstellung des Referenzprozesses erlaubt, weil die Leute nun einmal mit ein und demselben Ausdruck in verschiedenen Situationen verschiedene Objekte bezeichnen. Nach Strawson können vielleicht die vollkommenen Sprachen Freges und Russells für etwas anderes nützlich sein (etwa um Mathematik zu betreiben), nicht aber, um den tatsächlichen Sprachgebrauch zu verstehen. Dafür reicht es nicht, die Sprache selbst abstrakt zu betrachten, dafür müssen die konkreten Beziehungen zwischen Sprachgebrauch und Welt studiert werden. Strawson glaubte noch, daß zumindest diese Beziehungen gesetzmäßiger Natur sind, daß beispielsweise die Kennzeichnung (der P) in einer gewissen Situation nur dasjenige Objekt bezeichnen kann, das in dieser Situation das einzige P ist. Mit Donnellan kommt dieser Glaube ins Wanken. Wenn die Kennzeichnung (der P) referentiell benutzt wird, dann kann sie etwas bezeichnen, das nicht als einziges ein P ist, sie kann sogar etwas bezeichnen, das überhaupt nicht ein P ist. Um zu wissen, was für ein Objekt ein Sprecher mit (der P) bezeichnet, müssen wir die Situation selbst analysieren. Es gibt keine allgemeinen Regeln. Und schließlich Kripke: Welches Objekt durch einen Eigennamen bezeichnet wird, hat nichts mit der Sprache zu tun, nur mit dem Vorfall, zu dem die Kommunikationskette zurückreicht.

In der philosophischen Behandlung der Probleme des Menschen können wir etwas Ähnliches zu der Bewegung eines Pendels finden. Am einen Ende des Pendels gibt es sehr abstrakte, elegante und sparsame Systeme. Dann bewegt sich das Pendel, und die Philosophen finden heraus, daß die Wirklichkeit viel komplexer und verwirrender ist, als jene Systeme sie darstellen. In den letzten 100 Jahren haben wir in der Behandlung der Referenzproblematik eine ganze Periode der Bewegung des Pendels verfolgen können und sind nun am Höhepunkt der Komplikationen und Verwirrtheit angelangt. Tatsächlich sagt Kripke, daß seine Position (die wir, dem allgemeinen Sprachgebrauch folgend, 'die kausale Referenztheorie' genannt haben) überhaupt keine echte Theorie ist, und wenn sie eine wäre, wäre sie falsch, weil alle philosophischen Theorien falsch seien. Wir sind also bei der Behandlung der Referenzproblematik zu einem Punkt gekommen, an dem die Philosophen verzweifeln und nicht mehr an eine Lösung der Probleme glauben - nicht weil sie fürchten, daß es ihnen an Einfallskraft fehlt, allgemeine Lösungen zu finden, sondern weil sie fürchten, daß es keine allgemeinen Lösungen gibt. Vielleicht ist dies auch der Punkt, an dem das Pendel anfangen wird, sich in die andere Richtung zu bewegen. Vielleicht sind wir bereit für eine neue Synthese.